FACULTÉ DE DROIT DE PARIS

THÈSE
POUR LE DOCTORAT

DE LA LÉSION ENTRE PERSONNES MAJEURES ET CAPABLES

DANS LE DROIT ROMAIN, LE DROIT COUTUMIER ET LE CODE NAPOLÉON

L'acte public sur les matières ci-après sera soutenu le Jeudi
11 Janvier 1866, à une heure,

EN PRÉSENCE DE M. L'INSPECTEUR GÉNÉRAL CH. GIRAUD,

Par Paul-Auguste BÈGUE

Avocat près la Cour Impériale de Paris, licencié ès-lettres, né à Villeneuve-
l'Archevêque (Yonne), le 2 août 1842.

Président :   M. Bugnet, *Professeur.*

Suffragants :   MM. Bonnier,
Duranton,
Demangeat,
Gérardin,
} *Professeurs.*
Agrégé.

VERSAILLES
IMPRIMERIE CERF, 59, RUE DU PLESSIS.

1865

FACULTÉ DE DROIT DE PARIS

THÈSE POUR LE DOCTORAT

VERSAILLES. — IMPRIMERIE CERF, 59, RUE DU PLESSIS.

THÈSE

POUR LE DOCTORAT

DE LA LÉSION ENTRE PERSONNES MAJEURES ET CAPABLES

DANS LE DROIT ROMAIN, LE DROIT COUTUMIER ET LE CODE NAPOLÉON

L'acte public sur les matières ci-après sera soutenu le Jeudi 11 Janvier 1866, à une heure,

EN PRÉSENCE DE M. L'INSPECTEUR GÉNÉRAL CH. GIRAUD,

Par PAUL-AUGUSTE BÈGUE

Avocat près la Cour Impériale de Paris, licencié ès-lettres, né à Villeneuve-l'Archevêque (Yonne), le 2 août 1842.

Président :   M. BUGNET, *Professeur.*

Suffragants :   MM. BONNIER,
DURANTON,
DEMANGEAT,
GÉRARDIN,   } *Professeurs.*

Agrégé.

VERSAILLES

IMPRIMERIE CERF, 59, RUE DU PLESSIS.

1865

A MON PÈRE, À MA MÈRE

—

A MON GRAND-PÈRE

INTRODUCTION

Il y a deux définitions de la lésion. La lésion, quand il s'agit d'un majeur, est le préjudice qui résulte dans un contrat commutatif, du défaut d'égalité entre les deux équivalents. La lésion, quand il s'agit d'un mineur, est le tort qu'il souffre, quand on l'a mis à même de dissiper une partie de son patrimoine. Pour un mineur, toute perte est une lésion, si elle ne provient pas d'un cas fortuit. Il est restitué soit contre l'inexpérience de son âge, soit contre la fougue de ses passions. Je ne m'occuperai ici que de la lésion entre personnes majeures et capables. Je me propose d'en examiner les effets dans le droit Romain, dans le droit coutumier, et dans le Code Napoléon.

Quand la loi parle de la violence, du dol et de l'erreur, elle parle ordinairement aussi, au même endroit, de la lésion. Il y a cependant une différence capitale. Ces vices divers sont tous également des causes, soit générales, soit exceptionnelles, de nullité dans les contrats : c'est leur point de ressemblance. Mais, le dol, l'erreur et la violence sont des vices du consentement : il en est autrement de la lésion. Le lien de droit n'est qu'apparent dans le premier cas : dans le second, il est véritable. Le contrat entaché de lésion ne manque d'aucun élément constitutif; les parties sont capables, la convention a un objet certain, elle a une cause licite, le consentement est librement donné. La nullité provient, non d'un vice interne, mais d'un vice extérieur; et la loi qui la prononce envisage, non le contrat en lui-même, mais les circonstances qui l'accompagnent. Le consentement de la partie lésée n'a été ni précédé de manœuvres frauduleuses, ni déterminé par une erreur substantielle. Loin d'avoir cédé aux menaces en contractant, le demandeur a peut-être provoqué le contrat. Mais ensuite, il éprouve un juste regret, et un repentir dont une loi protectrice reconnaît la légitimité. Le vice se trouve, non plus dans l'imperfection de la volonté, mais dans l'inégalité des équivalents. En un mot, la nullité pour dol, erreur ou violence, est une mesure de justice : la rescision pour lésion est une mesure d'humanité.

La différence est fondamentale. Aussi, tandis qu'on est d'accord, depuis le jour où le préteur Romain en posa le principe, de protéger tout contractant contre les suites d'un consentement donné par erreur, arraché par violence, ou surpris par dol, les lois ont, suivant les époques, tour à tour admis et rejeté la rescision pour lésion. L'ancien droit Romain, les Capitulaires de Charlemagne, les lois de la Révolution française la proscrivirent. Les constitutions de Dioclétien, le droit canon ensuite, puis nos anciennes coutumes, enfin le Code Napoléon l'acceptèrent. Mais, d'accord sur le principe, ils se séparent dans les détails. Suivant les temps, le législateur varie sur le chiffre de la lésion, tantôt plus indulgent au nom de l'équité, tantôt plus sévère au nom de la religion des contrats.

DROIT ROMAIN

DE LA LÉSION DANS LA VENTE

NOTIONS HISTORIQUES. — ÉTAT DE LA LÉGISLATION AVANT DIOCLÉTIEN.
DIFFICULTÉ DE DÉTERMINER LA PORTÉE DE L'INNOVATION
DE CE PRINCE.

Le droit Romain nous offre peu de lumières sur la rescision
de la vente pour cause de lésion. Deux lois seulement y sont
relatives : les lois 2 et 8, au code de Justinien, *de rescindenda
venditione*. Toutes deux donnent au vendeur d'un fonds de
terre, lésé de plus de la moitié du prix de son bien, le droit
de faire annuler la vente, si l'acheteur n'aime mieux compléter le supplément du juste prix.

Les auteurs de ce double rescrit sont les empereurs Dioclétien et Maximien. Mais, quelle est son exacte portée? Peu
de questions sont restées plus obscures. Dans ces deux lois, les
empereurs ont-ils rompu avec le passé, et, abrogeant la vieille
législation romaine, introduit un droit nouveau? N'ont-ils
voulu que rappeler, en la précisant, en la modifiant d'après
le progrès des temps, l'ancienne pratique du juge des actions
de bonne foi? Ont-ils fait à un cas particulier l'application
pure et simple d'une loi ancienne toujours en vigueur? Enfin,
la loi 2 n'est-elle qu'une loi apocryphe, tirée par Justinien
d'une source suspecte, et mise à tort sous le nom de Dioclétien? Les quatre systèmes ont été soutenus.

Opinion commune. — Suivant l'opinion commune, la rescision de la vente pour lésion fut inconnue à Rome et dans le droit primitif, et dans le droit des jurisconsultes. Pur de violence, de dol et d'erreur, le contrat était inattaquable. Que le prix fût minime en comparaison de la valeur de la chose, que cette valeur fût minime en comparaison du prix, ni le vendeur dans le premier cas, ni l'acheteur dans le second, n'étaient admis à se plaindre. Un contrat librement consenti devait être strictement exécuté. Quand la loi 2 parut, l'innovation fut immense : la lésion allait jouer un rôle considérable. Distincte par nature du dol, de l'erreur et de la violence, elle leur était assimilée quant aux effets : elle devenait, de circonstance indifférente, une cause de nullité.

Ce système est fondé en raison. La rescision pour lésion n'est pas une conséquence si nécessaire de la nature du contrat de vente, qu'on ne puisse le concevoir sans elle. Nous avons vu naguère les lois de la Révolution la proscrire : nous voyons aujourd'hui de bons esprits en réclamer l'abrogation. On a pu vendre, à Rome, sans connaître l'action rescisoire, puisque, pendant notre Révolution, on a vendu sans la pratiquer.

Si, des considérations générales, nous passons aux arguments de texte, ils confirment cette opinion. Avant Dioclétien, aucune mention de cette cause de nullité, n'apparaît dans la compilation si volumineuse, si complète, si détaillée, des lois romaines. N'aurait-elle laissé aucune trace? Aucun jurisconsulte n'y aurait-il jamais fait allusion? Au contraire, Ulpien citant Pomponius, et Paul, à deux reprises différentes, nous disent que, dans la vente, il est libre aux parties de se circonvenir, et que cette faculté est de droit naturel. La règle est générale dans ses termes. Lui assigner des bornes, lui imposer des restrictions, la déclarer applicable au cas où la lésion est moins forte, étrangère au cas où elle est considérable, n'est-ce pas faire la loi, et non l'interpréter? Aucune rescision pour lésion n'était donc possible dans la vente, avant les empereurs Dioclétien et Maximien. (L. 16 § 4, Dig., *de minoribus*; L. 22 § 3, *locati*.)

Système de Cujas. — Cujas professe une doctrine toute différente. Dioclétien, selon lui, n'a pas établi une règle nouvelle. Il n'a même ni modifié, ni adapté au progrès des temps une règle ancienne : il l'a reproduite. Cujas se fonde sur la loi 1re § 47, et la loi 2, Dig., *depositi.* « Un héritier, dit Ulpien, ignorant que la chose qu'il trouve chez le défunt, ne s'y trouve qu'à titre de dépôt, la vend : il n'est tenu envers le déposant que de ce dont la vente l'a enrichi. » — Mais, ajoute Paul, « que décider, si le vendeur n'a pas encore touché son prix, *ou s'il a vendu trop bon marché?* Il sera quitte en cédant au déposant *ses actions.* »

« Il suit de là, dit Cujas, avec son admirable logique, que, même du temps des jurisconsultes, celui qui a vendu trop bon marché, a une action, puisqu'il peut la céder. Mais, est-il croyable qu'il ait cette action dès que la valeur de la chose qu'il a vendue dépasse tant soit peu le prix qu'il a reçu? Evidemment non : il ne faut la lui accorder que dans le cas prévu par la loi 2, au Code, si le prix payé n'égale pas la moitié du juste prix. Autrement, ce serait déraisonnable. Concluons-en donc que, dès le temps des jurisconsultes, le vendeur lésé d'outre-moitié peut faire rescinder la vente, si l'acheteur ne consent à parfaire le supplément du juste prix. » Cujas s'appuie encore sur un autre argument. Le Digeste, dit-il (L. 47, *de evictionibus*), cite le cas d'une vente où le prix payé est exactement la moitié du juste prix : il s'agit d'un esclave valant 10 et vendu 5. Le jurisconsulte déclare la vente valable. Mais, nulle part, le Digeste ne nous offre l'exemple d'une chose vendue moins de la moitié de son prix et vendue valablement. Au contraire, la loi 2, *depositi,* prouve assez clairement qu'une telle vente serait rescindable par *l'actio ex vendito.*

Cette doctrine, malgré ce qu'elle a de spécieux, repose sur des bases trop fragiles, pour être acceptable. L'argument que Cujas tire de la loi 47, *de evictionibus,* et qu'il appelle *maximum argumentum,* est moins concluant qu'il ne pense. Le

jurisconsulte, il est vrai, ne conteste pas la validité d'une vente
faite pour la moitié exacte du juste prix. Mais, s'ensuit-il qu'il
la contesterait, si la vente était faite pour moins de la moitié?
On a plus à compter avec l'argument que ce grand esprit,
avec sa puissante logique, tire de la loi 2, *depositi*. Mais,
quand on songe que, parmi les innombrables fragments qui
composent le Digeste, trois ou quatre mots vagues sont le seul
soutien de cette doctrine, on ne s'étonne pas qu'aucun commentateur ne l'ait jamais adoptée. De tels arguments font ad-
mirer la sagacité de Cujas : ils ne rallient pas à son opinion.
La loi 2, *depositi*, figurerait fort bien parmi ces raisons de
second ordre, qui achèvent de consolider un système : mais,
si l'on en fait l'argument unique et fondamental, l'édifice
entier participe de la fragilité de sa base.

Système de Thomasius. — Au XVIIIe siècle, un docteur Allemand, nommé Thomasius, imagina une théorie diamétrale-
ment opposée. Il cherche à établir que la loi 2, sur laquelle
repose tout le système de la rescision pour cause de lésion,
n'est pas l'ouvrage des empereurs auxquels on l'attribue. Je
ne dirai rien de ses critiques sur les motifs de cette loi, dont
l'équité, suivant lui, n'est qu'une équité imaginaire. Pour
soutenir que la loi 2 n'est pas de Dioclétien, Thomasius pose
en principe une assertion contraire à celle de Cujas. C'est
qu'avant cet empereur, la lésion fut toujours impuissante à
vicier un contrat pur de dol et d'erreur. Le principe était que
chaque partie pouvait circonvenir l'autre, et chercher dans
d'innocents artifices le gage d'un marché avantageux.

Laissons pour un moment l'œuvre de Dioclétien. Après lui,
trouvons-nous une règle contraire? Point du tout. Les empereurs Constantin, Gratien, Valentinien, Théodose, Honorius,
Arcadius (L. 1re, 4, 7, Code Théod., *de contrahenda emptione*),
proclament, comme autrefois, que la lésion est sans effet, et
refusent tout secours au vendeur qui s'en prétend victime.

Sous Dioclétien lui-même que trouvons-nous? C'est d'a-
bord une loi 10, Code, *de resc. vend.*, postérieure à la loi 2, et

où l'Empereur semble ordonner au juge de ne pas s'inquiéter de la vilité du prix : « *Dolus emptoris qualitate facti, non quantitate pretii œstimatur.* » C'est ensuite une loi 8, au même titre, qui semble reproduire la décision de la loi 2. Mais, la manière même dont elle la reproduit suffit à démontrer qu'à l'origine, elle disait le contraire. Cette loi est longue : elle roule tout entière sur l'hypothèse d'une lésion peu considérable. Seulement, à la fin, survient une dernière phrase, lourde, embarrassée, mal rattachée au corps même de la loi : cette phrase dit que ce qui précède n'aura pas lieu si la lésion est d'outre-moitié. Est-il croyable, que ce ne soit pas Tribonien qui ait ajouté la dernière idée, si mal en harmonie avec les précédentes? Dioclétien ne se serait-il pas exprimé autrement? N'aurait-il pas parlé plus longuement de son innovation, si, en cette matière, il avait innové?

Reste la loi 2. Elle permet, en termes clairs, au vendeur lésé d'outre-moitié de demander la rescision de la vente. Mais, est-elle de Dioclétien? Nous avons vu, à la fin de la loi 8, la disposition qui fixe le taux de la lésion, faire une sorte de dissonance dans l'harmonie de la loi. A la fin de la loi 2, la même disposition forme encore un appendice détaché. N'est-il pas probable que toutes deux sont l'œuvre de Tribonien? Il a cru trouver une contradiction entre deux rescrits. La loi 8, qui était de Dioclétien, voyait dans la lésion une circonstance indifférente : la loi 2, qu'il a crue de Dioclétien, y voyait une cause de rescision. Comment les concilier? En ajoutant à toutes deux une restriction commune, en créant à chacune sa sphère d'application, en formulant une règle que l'auteur de ces rescrits n'avait jamais imaginée. La loi 2, application du principe, donnera une solution conforme : la loi 8, en dehors du principe, donnera une solution contraire; et toutes deux ainsi, l'une directement, l'autre indirectement, concourront à l'établir.

Mais, Dioclétien s'est-il contredit? Rien n'est moins certain. La loi 8, qui, en rejetant la dernière phrase interpolée, est d'accord avec les monuments qui la précèdent et les constitutions qui la suivent, semble l'expression véritable de la pensée de l'Empereur. La loi 2, au contraire, qui ne procède pas du passé, qui va renier l'avenir, est d'une authenticité douteuse. Tribonien l'a tirée, non des Pandectes, mais probablement d'une source suspecte : le code Hermogénien. (73e dissert. : *de æquitate cerebrina legis 2*.)

C'est ainsi que, pièce à pièce, Thomasius, « avec plus de science que de lumières » disait M. Portalis, démolissait cet édifice de la rescision pour lésion, auquel des hommes plus grands que lui, Cujas, Dumoulin, Voët, sans douter jamais de l'authenticité des lois qui la consacrent, avaient apporté le tribut de leurs veilles studieuses et de leurs patientes recherches. Mais Thomasius avait tort. Les interpolations ne se présument pas; et toutes ses suppositions, gratuites pour la plupart, sont insuffisantes à prouver que Dioclétien n'ait pas dit ce que nous trouvons sous son nom. Ses successeurs, il est vrai, ont proscrit la rescision pour lésion. Mais, il ne faut pas s'étonner de voir, même à peu de distance, les empereurs obéir à des sentiments divers. Des circonstances différentes justifiaient peut-être des solutions opposées.

Opinion de Voët et de Noodt. — Selon Voët et Noodt, la vente, contrat de bonne foi, a toujours échappé à l'empire rigoureux des principes du droit strict. Y avait-il quelque difficulté ? Le juge dans la formule trouvait le moyen de la résoudre. Il tenait compte de tout fait de dol ou de violence, allégué soit par le demandeur, soit par le défendeur. Il avait égard aux usages en vigueur. Si, en vertu de la même cause, le demandeur se trouvait débiteur en même temps que créancier, il opérait la compensation. En un mot, il prononçait *ex æquo et bono*. Cette équité naturelle avait inspiré au préteur les dispositions relatives aux vices redhibitoires : ne dut-elle pas lui inspirer aussi la pensée de réparer une inégalité considérable entre la valeur du prix de vente et la valeur de l'objet vendu ?

Aucun texte, il est vrai, n'appuie directement cette opinion.

Aucune loi ne nous montre le juge estimant d'après l'équité les équivalents promis, ramenant dans une vente l'égalité violée, réduisant au nom de la bonne foi ce que la convention accordait au défendeur, et sortant des termes du contrat pour rentrer dans les termes de la justice. Mais, à défaut d'arguments directs, nous avons des arguments d'analogie. Dans plusieurs textes du Digeste, la lésion joue un rôle. Le jurisconsulte ne se contente pas de l'improuver : il y porte remède. C'est ainsi que la loi 6 § 2, *de jure dotium*, déclare qu'il faut secourir l'époux trompé par son époux sur le chiffre de la dot « parce que, dit Pomponius, il est contraire à la bonne foi que l'un s'enrichisse aux dépens de l'autre. » C'est ainsi que la loi 79, *pro socio*, permet au juge de l'action *pro socio* de corriger le règlement de parts inique fait par un tiers au préjudice d'un des associés.

Il est vrai que les jurisconsultes ont dit qu'il était naturellement permis aux contractants de se circonvenir sur le prix de vente. Mais, que faut-il, dit Noodt, entendre par là? Se circonvenir naturellement, cela veut dire selon l'usage des commerçants, comme c'est reçu dans les affaires (*negotiatine*), ou, comme dit la loi 8 du même titre, suivant la nature du contrat. « Ulpien n'a voulu parler, dit M. Troplong, que de ces débats dictés par le sentiment d'un intérêt bien entendu, et dans lesquels le vendeur cherche à tirer le meilleur prix de sa chose, et l'acheteur à obtenir le meilleur marché. *Hæc circumscriptio*, dit Godefroi, *non est dolus, sed prudentia et industria quædam tantum rei familiaris augendæ.* » (Vente : tome 2, art. 1674.)

Même avant Dioclétien, d'après ce système, la lésion dans la vente était donc une cause de rescision. « Mais, les anciens, dit Noodt, n'avaient pas déterminé à quel chiffre commencerait la lésion : ils s'en étaient remis sur ce point à l'appréciation du juge de l'action de bonne foi. Dioclétien et Maximien les premiers ont fixé ce chiffre. A partir de ces deux princes, il y a lésion si le prix payé n'égale pas la moitié du juste prix.

» Ainsi, il n'y a pas là innovation de Dioclétien. La lésion,
déjà avant lui, a joué un rôle dans la vente comme contrat de
bonne foi, en vertu du pouvoir discrétionnaire que la formule
donnait au juge. La seule innovation de Dioclétien, fut de
préciser et de fixer le taux de la lésion, auparavant indéter-
miné et laissé à l'appréciation du juge. »

Ce système a des côtés spécieux. Le juge n'avait plus, au
temps du Bas-Empire, qu'à chercher dans les constitutions
impériales la solution brutale et inflexible en droit, de toutes
les questions de fait variées, multiples, complexes, qui se pré-
sentaient devant lui. La loi 2, dans cette opinion, ne serait
qu'une des mesures par lesquelles l'Empereur simplifiait
ainsi la mission du juge. Mais, si le juge eut, de tout temps,
au nom de la formule de l'action de bonne foi, le droit de réformer la lésion dans la vente, dans les autres contrats au
nom de la même formule il dut avoir le même droit. Le voilà
donc armé d'un pouvoir immense dans des contrats nombreux, et aucun fragment des jurisconsultes, aucune loi des
empereurs n'y a jamais fait allusion. Appelé à réformer l'i-
négalité entre les équivalents, le juge ne put introduire l'inégalité entre les parties. S'il accorda la rescision au vendeur
quand le prix valait moins que la chose, il ne put la refuser
à l'acheteur, quand la chose valait moins que le prix. D'où
vient dès lors que Dioclétien, s'il n'est que l'interprète d'une
règle ancienne, s'il vient, non changer le secours accordé ou
la partie secourue, mais fixer le taux de la lésion, ne parle
plus que du vendeur lésé? Si l'on complète la loi 2, si l'on en
communique le bénéfice à l'acheteur, on se trouve, de conjectures en conjectures, emporté à une distance où, dans l'absence des textes, l'interprète égaré, indécis entre deux routes,
ne peut préciser pour l'acheteur le chiffre de la lésion.

Conclusion. — Il règne une telle obscurité sur ces matières que le champ est ouvert à toutes les suppositions. Les
explications se multiplient quand les documents font défaut;
et notre matière ressemble à ces lieux où l'air manque : les

lumières mêmes s'y éteignent. Au milieu de tant de systèmes, tous impuissants à concilier les textes et à satisfaire les bons esprits, j'inclinerais encore vers le premier, en y ajoutant une restriction. Je crois que la loi 2 fut une innovation. Avant Dioclétien, le juge ne puisait pas, dans la formule de l'action de bonne foi, le droit de réformer, dans tous les cas, la vente inégale. Mais, peut-être y puisait-il le droit de la réformer dans certains cas. Quand le vendeur, en consentant la vente qui l'a lésé, a ignoré le prix de sa chose, ou cédé à l'entraînement des passions, ou craint une moins value prochaine ; quand l'acheteur, en souscrivant un achat ruineux, a voulu satisfaire une fantaisie, le juge, selon moi, ne pouvait rescinder une telle vente au nom de l'équité : l'équité en exigeait le maintien. La partie lésée porte la juste peine de son imprévoyance, de son erreur, de sa folie ou de son caprice. Mais, quand l'acheteur abuse de la détresse de son vendeur pour obtenir à vil prix un bien de grande valeur, la lésion, dans ce cas, est voisine de la fraude. En profitant d'un jour d'angoisses pour dépouiller un malheureux, l'acheteur n'a pas sans doute pris cette coupable initiative qui se rencontre dans le dol et dans la violence. Mais, il n'est pas pur de toute mauvaise foi. Et quand le vendeur, ainsi dépouillé, venait ensuite, au nom de la bonne foi, réclamer contre une vente où la cupidité avait fait la loi à la misère, où les circonstances lui avaient arraché un consentement désespéré, où il avait consommé sa ruine en cherchant à la prévenir, peut-être le juge, ministre d'équité, avait-il en main le moyen de le secourir.

Ainsi, je ne refuse pas au juge tout pouvoir réformateur. Mais, je crois qu'il en usa avec réserve, et seulement dans certains cas intermédiaires où la lésion, si j'ose parler ainsi, présentait des circonstances aggravantes. Il n'en usa que sur ces limites périlleuses où la lésion et le dol se rencontrent ; où il n'y a pas encore manœuvres frauduleuses, mais où il y a déjà abus ; où la volonté, sans avoir été précisément viciée, n'a cependant pas été tout-à-fait libre ; où l'inégalité enfin n'est déjà plus compatible avec l'équité. Quand, en consentant un contrat qui la lèse, l'une des parties cède à la pression de l'homme, il y a violence : de l'aveu de tous, la rescision est possible. Quand elle consent sous la pression des circonstances, il n'y a plus que lésion : l'opinion commune refuse au juge tout pouvoir avant la loi 2. Je me sépare ici de l'opinion commune pour incliner à celle de Voët et de Noodt. Je crois que, dans ce cas encore, le juge pouvait intervenir. Mais, quand ni les hommes, ni les choses n'ont forcé le consentement de la partie lésée, je me sépare de ces anciens interprètes pour rentrer dans l'opinion commune. La volonté des parties est souveraine dans les conventions : l'inégalité des équivalents est légitime, quand les parties l'ont librement voulue. Le juge, selon moi, en l'absence d'un texte, se trouve ici désarmé même en face d'un contrat inégal. Il est ministre d'équité : et il y a iniquité à rescinder un contrat, dès qu'il n'y a pas iniquité à le maintenir.

Peut-être cette rescision pour lésion fut-elle rare : j'expliquerai ainsi le silence presque absolu des textes. Mais, il y en eut des exemples, et j'explique par eux la loi 2, *depositi*, où Paul déclare que l'héritier du dépositaire, qui, par erreur, a vendu à vil prix la chose déposée, est quitte envers le déposant en lui cédant son action. Il pouvait donc avoir une action. Dioclétien puisa dans cette ancienne pratique l'idée de sa constitution. Le vendeur seul, par la force même des choses, était en possession de cette faveur : il ne l'étendit pas à l'acheteur. Mais, pour obéir à l'esprit du temps, pour simplifier la besogne du juge, l'Empereur le dispensa de l'appréciation des circonstances. Le vendeur eut dès lors l'action rescisoire, quelle que fût l'origine de la lésion, et il n'y eut plus de lésion que celle qui dépassait la moitié du juste prix.

Les rescrits de Dioclétien n'avaient pas une portée générale. Statuant sur un cas particulier, dans ce cas seul ils

avaient force de loi. Pour soutenir l'innovation, il eût fallu
que les successeurs de ce prince rendissent, dans les cas analogues, des décisions analogues : ils ne le firent pas. La rescision pour lésion tomba donc en désuétude, jusqu'à Justinien
qui remit la loi 2 en vigueur, et, en l'insérant dans son code,
lui donna deux choses qui lui manquaient : une valeur absolue et une durée immortelle.

A QUELLES VENTES S'APPLIQUE LA LOI 2 ?

§ Ier.

Ventes d'immeubles et ventes de meubles

La rescision pour lésion s'applique aux ventes d'immeubles : ce point n'est pas contesté. S'applique-t-elle aux ventes
de meubles? Cujas pensait que non, au moins en général ;
car, il exceptait les meubles précieux, qu'il assimilait aux
immeubles.

Les textes, disait Cujas, ne parlent que d'immeubles : (L. 2,
4, 8, 15, Code, *de resc. vend.*) on ne peut en abandonner la
lettre. La différence, du reste, est facile à justifier. Les immeubles, en général, ont une plus grande valeur. Leur assiette
est fixe : ils ne sont pas, comme les meubles, soumis à des
détériorations faciles. Enfin, leur prix est moins variable : on
peut le déterminer d'une manière plus certaine.

Il a plus de peine à démontrer qu'il faut étendre la rescision pour lésion aux meubles précieux, et je crois que, dans
cette entreprise, ce grand esprit s'est trompé doublement :
d'abord en adoptant la doctrine qu'il professe, ensuite en prenant les injures pour des arguments. Il écrit à Joannes Robertus : « Nous faisons exception pour les choses précieuses,
et cela, dis-tu, n'est pas d'accord avec les principes du droit.

Imbécile, que dis-tu ? *(Stulte, quid aïs ?)* Il n'est pas d'accord avec les principes du droit, que des choses d'une valeur inappréciable soient mises sur le même pied que les immeubles ? Est-ce que, dans l'*oratio Severi*, on n'assimile pas la condition des meubles précieux à celle des immeubles ? Et cette perle dont parle Pline, et qui fut mise au nombre des *res mancipi*, qui ne comprennent cependant d'ordinaire que les fonds de terre, les servitudes prédiales et certains animaux, mais aucun meuble ! Après de tels exemples, celui qui, entrant dans l'esprit d'une constitution qui ne parle que d'un immeuble, l'applique à un meuble inappréciable comme une perle, parce qu'elle vaut bien un immeuble, te semble-t-il encore faire un tissu d'aberrations ? » (Vol. 10, page 187).

Au risque de mériter une colère semblable, je crois que la distinction entre les meubles précieux et ceux qui ne le sont pas, est arbitraire. Je serais fort tenté de la rejeter, non pour appliquer notre loi 2 aux seuls immeubles, mais pour l'étendre indistinctement aux meubles comme aux immeubles. Il n'y a pas de raison sérieuse de distinguer. Il ne faut pas nous en laisser imposer par nos idées françaises. Dès l'enfance, nous entendons et nous répétons que la vente d'immeubles seule est rescindable pour lésion. Plus âgés, nous prenons pour l'idée la plus rationnelle celle à laquelle nous sommes le plus habitués. Mais, si, pour un moment, nous laissons de côté ce cortége d'idées modernes, nous verrons que le plus naturel est de mettre, à Rome, les meubles sur le même pied que les immeubles. La distinction en meubles et en immeubles n'est guère romaine, quoiqu'elle se trouve plusieurs fois dans les textes. La distinction véritable entre les choses, la division indigène et locale procèdent à Rome d'un autre ordre d'idées.

On objecte que les immeubles sont plus précieux que les meubles, et que la lésion se montre d'une façon plus sensible. S'il en est ainsi aujourd'hui, sous Dioclétien il en était autrement. Alors, des hordes de barbares menaçaient les frontières do l'Empire : les curiales étaient retenus de force dans leurs lourdes fonctions. Abandonnées de leurs maîtres, qui, en face d'une fiscalité écrasante, préféraient le fardeau de la pauvreté au fardeau de la richesse, les terres ne se vendaient plus. La propriété était devenue une dure servitude. Le propriétaire était forcé de cultiver. Au bout de 6 mois, s'il ne cultivait pas, le domaine était adjugé à qui voudrait s'en charger à la condition de payer l'impôt : plus tard même, on tint quitte de toute charge pendant trois ans cet homme de bonne volonté. Et, malgré cela, les terres ne trouvaient pas de maîtres, tant elles avaient peu de valeur : on les imposait aux voisins et à la curie.

Les meubles étaient donc alors plus précieux que le sol : c'est une preuve que la lésion ne pouvait leur être inapplicable. Il est vrai que cette dépréciation des terres fut sensible surtout après Dioclétien, à l'époque de l'invasion. Mais un tel résultat ne vient pas tout d'un coup : le présent est toujours fils du passé. L'époque de Dioclétien ne fut pas étrangère à cette désolation des campagnes, puisque le règne même de ce prince vit les terribles insurrections des Bagaudes.

Cette dépréciation, je l'avoue, ne fut peut-être pas commune à tous les immeubles. Peut-être n'atteignit-elle pas les maisons. Elle ne frappa que sur les fonds de terre, à cause de la dépopulation des campagnes, et de cet éloignement des paysans pour la culture, qui força un jour à recourir au colonat. Mais, de quoi parle le rescrit sur lequel on se fonde pour exclure les vendeurs de meubles du bénéfice de la rescision ? D'une maison ? Non : d'un fonds de terre. Et, chose remarquable, toutes les lois sans exception qui traitent de la lésion, ne parlent que de fonds de terre. (L. 2, 4, 8, Code, *de resc. vend.*) Or, s'il en est ainsi, si, dans ces temps lamentables, les fonds de terre sont devenus moins précieux que les meubles, comprend-on que, pour justifier la rescision d'une vente, les meubles vaillent trop peu, les fonds de terre vaillent assez ?

On m'objectera cela même, que les lois no parlent que de fonds de terre. Par un argument *a contrario*, on exclura les meubles. Mais, outre que le commencement de la loi 2 est très-général *(rem majoris pretii*, etc.), outre qu'il ne mentionne une terre que parce qu'une terre est spécialement en question dans l'espèce soumise aux Empereurs, cet argument *a contrario*, remarque fort bien Noodt, mènerait trop loin. Comme les textes ne raisonnent jamais que sur les fonds de terre, ce ne sont pas seulement les meubles et les animaux, ce sont les maisons, ce sont tous les immeubles autres que le sol qu'il faut exclure *a contrario*. D'un texte limitatif nous argumentons par analogie, vous pour les maisons, moi pour les meubles : l'un est-il moins arbitraire que l'autre ? Ajouterai-je que les Basiliques, traduisant en grec la loi 2, parlent ici d'une chose vendue en général, et nulle part ne parlent d'un fonds, ni dans cette loi, ni dans les autres endroits où il est traité de la même matière ? Pour toutes ces raisons, je crois que le bénéfice de la loi 2 est applicable aux meubles comme aux immeubles.

§ II

Ventes aléatoires.

La rescision pour lésion n'a pas lieu quand l'objet de la vente n'est pas certain et déterminé. Il en est ainsi quand, me sachant héritier, je vends l'hérédité à laquelle j'ai droit, sans spécifier les biens qui la composent. (L. 14, § 1er, *de hered. vel act. vendita*, Dig.) Il en est de même quand, ignorant si je suis héritier, je vends les droits que je puis avoir à une succession. « Si l'hérédité, dit Javolénus (L. 10, *ibid.*), n'appartient pas au vendeur, le vendeur n'en devra pas garantie, parce que l'intention évidente des parties a été que l'acheteur fût appelé aux risques de l'opération comme à ses bénéfices. »

La loi 2 ne s'applique non plus ni aux ventes aléatoires, comme la vente d'un coup de filet (L. 8, § 1er, *de contrah. empt.*; L. 12, *de act. empti*, Dig.), ni à la vente de toute chose dont le produit est incertain. Je vous vends pour un prix déterminé le droit d'ouvrir une carrière de pierres ou une mine : lésé dans cette vente, je ne puis en demander la rescision. La loi 2 ne s'applique pas à la vente des fruits à naître d'un fonds, à cause de la double incertitude qui existe, et sur la quantité de la récolte, et sur la valeur des fruits récoltés. (L. 17, Code, *de usuris.*) Elle ne s'applique ni à la vente d'un usufruit, ni à celle d'une rente viagère : la durée de la vie de chacun est incertaine.

La rescision n'a pas lieu non plus quand, dans son testament, un testateur a ordonné de vendre une chose pour tel prix qui n'égale pas la moitié de sa valeur. (L. 49, § 9, Dig., *de legatis* 1°.) A-t-il connu le juste prix de la chose? On peut croire qu'il a voulu léguer à l'acheteur la différence. L'a-t-il ignoré? Son erreur n'empêche pas qu'on n'exécute sa volonté, puisqu'on le peut. (§ 12, Inst., *de legatis.*)

§ III

Ventes Judiciaires.

« Dans les ventes faites aux enchères publiques, par décret du juge, pour obtenir l'exécution d'un jugement, la loi 2, dit Voët, n'a pas d'application.

« Si le fisc, en présence de la lance symbolique, vend les biens de son débiteur, un rescrit porte que contre une telle vente, le débiteur, même mineur, n'est jamais restituable. (L. 5, *de fide et jure hastæ*, Code; L. 2, Code, *si propter publicas pensitationes.*)

» Toutefois, s'il y a eu fraude, s'il y a eu collusion des *apparitores* et des *executores* qui procèdent à la vente, si par suite il y a eu *addictio* en apparence, vente amiable en réalité, une telle vente, entachée de lésion, ne peut être valable au préjudice soit d'un majeur, soit d'un mineur. La nature générale des contrats de bonne foi et la nature particulière de la vente répugnent à toute fraude et commandent cette solution. (L. 16, Code, *de resc. vend.*; L. 2, Code, *de fide et jure hastæ fiscalis.*)

» S'il y a eu vente aux enchères publiques, mais sans les solennités de la lance, sans décret du juge, par la seule et libre volonté d'un propriétaire chargé de dettes, il vaut mieux accorder à ce propriétaire le bénéfice de notre loi. Sans doute, le plus souvent, la chose ne vaut pas plus que le prix où la portent les enchères publiques. Cependant, même aux enchères publiques, une lésion considérable peut frapper le vendeur. Il peut même y avoir absence complète d'enchérisseurs offrant des prix sérieux. (L. 3, *de jure domini impetrando*, Code; L. 16, Code, *de resc. vend.*; L. 2, Code, *de fide et jure hastæ.*)

» Si la vente faite par l'autorité du juge porte sur des biens de mineur, la loi 2 est applicable. Le décret du juge n'empêche pas la lésion : il justifie seulement que les circonstances réclament la vente (L. 11, Code, *de prædiis et aliis rebus minorum*). » (Voët, *de resc. vend.*, n° 16.)

§ IV

Vente dont le prix a été fixé par un tiers.

Si l'estimation de l'arbitre n'atteint pas la moitié du juste prix, le vendeur peut-il se pourvoir contre sa décision? Oui, répond Accurse. (L. dernière, Code, *de cont. empt.*) Cujas, Pothier et Voët déclarent ce sentiment équitable. Malgré ces imposantes autorités, je crois que les parties qui choisissent un arbitre, ne peuvent réclamer contre le prix qu'il fixe. Justinien le pose en principe dans la loi 15, Code, *de contr. empt.* : « *Si quidem ipse qui nominatus est pretium definierit, omnimodo secundum ejus æstimationem, et pretia persolvi et venditionem ad effectum pervenire.* » La vente dont le prix est fixé par un tiers, n'est donc pas rescindable pour lésion.

———

Des personnes qui peuvent invoquer le bénéfice de la loi 2

Les lois 2 et 8 ne parlent que du vendeur. Mais, l'acheteur ne peut-il pas aussi se prévaloir de la lésion pour faire rescinder le contrat ? Vivement controversée parmi les interprètes du droit Romain, cette question fut, par la plupart d'entre eux, résolue affirmativement.

Si, a-t-on dit, l'idée fondamentale de cette rescision fut une idée d'humanité, comme pour le vendeur elle milite pour l'acheteur. Dans la nature des actions de bonne foi est l'origine première de la loi 2. Or, le contrat est de bonne foi vis-à-vis des deux parties. Comme leurs obligations, leurs droits doivent être réciproques.

« On nous objecte, dit Joannes Robertus, que souvent la nécessité et les exigences d'une position étroite poussent les hommes à vendre pour des sommes dérisoires ce qu'ils ont de plus cher : au lieu que, si les acheteurs acquièrent la chose d'autrui, c'est parce qu'ils le veulent bien. Souvent, il est vrai, ils la paient un prix fou ; mais, il ne faut pas trop se préoccuper de ces gens qui, pour avoir la chose dont ils ont envie, aiment mieux jeter par les fenêtres l'argent dont ils regorgent, que ne pas contenter une fantaisie de voisinage, ou tout autre caprice. — Toutes ces raisons sont fort bonnes ; mais, elles ne feront pas que les deux parties ne soient l'une vis-à-vis de l'autre dans une situation telle, qu'il faille accorder à l'une ce qu'on accorde à l'autre. De même qu'il est permis aux deux parties de se circonvenir mutuellement sur le prix, de même, dans tous les cas où, pour cause d'erreur, de dol, de crainte ou autre, il y a lieu à rescinder le contrat ou à restituer l'un des contractants, pour l'acheteur comme pour le vendeur la loi est égale. (L. 13, § 4 et 5, Dig., *de act. empt.*; L. 11, *de cont. empt.*; L. 1re, § 13, *si quid in fraud. patr.*; L. 27, § 1er, Dig., *de minoribus.*)

« Il ne faut pas nous laisser abuser par ce fait, qu'aucun texte de loi ne vient au secours du majeur de 25 ans qui a acheté un fonds moyennant un prix déraisonnable. Il y a bien d'autres cas où personne ne doute que l'acheteur et le vendeur sont sur le même pied, et que le contrat est rescindable en faveur de l'un comme de l'autre, et cependant vous trouverez que les lois parlent rarement de l'acheteur, et le plus souvent du vendeur seul. C'est toujours sur le vendeur qu'on fait les raisonnements relatifs au dol, à la violence, à l'erreur, qui, de l'aveu de tous, s'appliquent aussi à l'acheteur et qu'on pourrait pareillement faire sur lui. (L. 1re, 5, 8, *in princ.*, 11, Code, *de resc. vend.*; L. 3, 4, 5, 8, Code, *de his quæ vi metusve causa gesta sunt.*) Cet usage des auteurs vient probablement de ce que, dans le contrat de vente, le vendeur joue le rôle principal. C'est de lui que vient la chose, le contrat prend de lui son nom; et, en parlant de rescision dans ce contrat, on est venu tout naturellement à raisonner sur celui de qui ce contrat tire surtout son origine. (L. 8, in princ., Dig., *mandati.*) Mais, ce qui est dit du vendeur, doit s'entendre aussi de l'acheteur : d'autant plus qu'il y a entre eux une relation tellement nécessaire, qu'il ne peut arriver qu'en parlant de l'un on ne parle pas de l'autre, qu'ils ne se comprennent qu'ensemble, et qu'ils sont sur le même pied. Ici donc comme partout ailleurs, la même égalité doit régner entre eux ; et ce qu'on trouve décidé pour l'un, il faut le décider pour l'autre. »

Voët va même plus loin. La loi 2, selon lui, présume que le vendeur lésé ignorait la valeur de sa chose. Or, si l'ignorance du jus'e prix est excusable chez le vendeur, qui avait l'objet dans son patrimoine, elle l'est encore plus chez l'acheteur, qui n'en était pas propriétaire. Chacun peut connaître le prix des choses qu'il a, mieux que le prix des choses qu'il n'a pas. La loi n'avait donc pas besoin d'accorder expressément à l'acheteur, un droit qui lui appartient *a fortiori.* (Voët, *de resc. vend.*; n° 5.)

Par d'autres arguments, Noodt se décide pour la même opinion. « Il ne faut pas, dit-il, expliquer les lois 2 et 8 comme on explique les lois générales : ce sont des rescrits n'ayant trait qu'à des faits déterminés. De rescrits de ce genre, ceux qui tirent des arguments *a contrario* ou par analogie, vont le plus souvent contre l'intention de l'auteur et les font porter à faux.

« Si les Empereurs, dans ces deux rescrits, n'ont parlé que du vendeur, ce n'est pas qu'ils voulussent refuser à l'acheteur, dans un cas semblable, la faveur d'une semblable humanité. Mais, consultés sur un vendeur, ils ont répondu sur le vendeur. Non consultés au sujet d'un acheteur, ils n'ont pas fait de rescrit sur l'acheteur. De même qu'en parlant d'un fonds, ils n'ont voulu exclure ni les maisons, ni les autres choses vendues, de même il ne faut pas que le mot de vendeur nous fasse oublier l'acheteur, si c'est lui qui, dans se prix, est lésé d'outre-moitié. Disons plutôt que les Empereurs, consultés au sujet d'un vendeur, ont rendu leur rescrit sur le vendeur : consultés sur un acheteur, ils auraient répondu la même chose. »

Malgré la force de ces arguments, je serais porté à refuser à l'acheteur le bénéfice de la loi 2. D'abord, pour en finir avec les arguments de Noodt, il se peut que Dioclétien, consulté par un acheteur, lui eût accordé l'action qu'il accordait au vendeur. Mais, il ne l'a pas fait. C'est assez d'être tenu par les lois que fait le législateur, sans l'être par celles qu'il aurait pu faire, dans telles circonstances qui ne se sont pas présentées. Dioclétien n'a parlé que du vendeur; et sa constitution est entrée dans le Code, mais telle qu'elle était, et sans aucune addition : à moins qu'on ne prétende que Justinien a dérogé au droit de Dioclétien par l'insertion même, au code, de la constitution de Dioclétien. Ce serait une plaisanterie. La loi 2 ne parlant que du vendeur, rien ne nous autorise à l'appliquer à l'acheteur.

Ce n'est pas tout. Quand la loi 2 parle d'un fonds, on ne peut tirer de là aucun argument *a contrario* pour exclure les meubles, parce que cet argument aurait trop de portée, et exclurait, avec les meubles, tout immeuble autre qu'un fonds de terre. Mais, quand la loi 2 parle du vendeur, on peut tirer de là un argument pour repousser l'acheteur. Il n'y a plus ici que deux termes de comparaison. *Qui de uno dicit, negat de altero*.

Voët n'est pas plus heureux quand il prétend que la rescision accordée au vendeur, est *a fortiori* due à l'acheteur, plus excusable d'avoir ignoré le prix d'une chose qui n'était pas à lui. Voët se trompe sur l'idée fondamentale de l'action en rescision, s'il croit qu'elle ne restitue le vendeur que contre l'ignorance de la valeur de sa chose. L'action a été surtout introduite pour secourir le vendeur qui, sachant parfaitement le prix de son bien, mais aux prises avec la misère, le vend moins qu'il ne vaut.

Restent les arguments que Joannes Robertus opposait à Cujas. Dans le prix de vente, disait-il, il est libre à chacune des parties de circonvenir l'autre. Il est donc juste et équitable que chacune ait la même ressource, si la lésion dépasse la mesure permise par la loi. « Je nie la conséquence, dit Cujas. Les rôles de l'acheteur et du vendeur sont tout différents. Ce qui jette le vendeur dans la lésion, c'est la nécessité : ce qui y jette l'acheteur, c'est la cupidité. » (L. 3, Dig. *ad leg. Falcid.*) » Il était juste de venir au secours de l'homme, dit ailleurs Cujas, qui a vendu à vil prix, parce que le plus souvent ce sont les exigences de la misère qui le poussent à vendre ainsi ; mais non au secours de l'acheteur qui provoque lui-même l'achat et qui achète le plus souvent un fonds à un prix exagéré et déraisonnable, par une fantaisie de voisinage, de convenance, de climat, parce qu'il y a été élevé, ou que ses parents y sont ensevelis, ou que ses ancêtres l'ont possédé. Aveuglé par la passion, le voilà qui jette par la fenêtre des sommes excessives : une loi du Digeste appelle cela chaleur ; mais d'autres y voient de la folie, et la loi 3, *ad legem Falcidiam*, traite cela de sottise. En un mot, comme dit Salvien, 5, *de Providentia Dei* : « il y a envie chez l'acheteur et nécessité chez le vendeur : l'acheteur contracte pour augmenter son patrimoine, le vendeur pour le diminuer. » Le vendeur mérite le secours de la loi : il ne faut pas qu'il perde trop en perdant sa chose. Mais, l'acheteur qui *bâille*, comme dit Horace, pour mieux épier le moment où le vendeur sera dans la détresse, achète parce qu'il le veut bien, et sans que rien l'y force. Tout achat est volontaire.

« Quant à ton autre argument, dit Cujas, tu ressembles un peu trop à un charlatan qui veut faire des dupes en étalant de grandes connaissances. Quand la vente, dis-tu, est entachée de dol ou de violence, les lois ne parlent que du vendeur, non de l'acheteur, et pourtant personne ne doute que, dans ces cas, l'acheteur n'ait droit à la même protection. De même, dans l'espèce, bien que la loi 2 et les autres constitutions faites sur la matière ne fassent mention que du vendeur, il faut, dis-tu, secourir aussi l'acheteur. Mais, tu oublies que, dans l'espèce, toutes les lois parlent du vendeur seul, aucune de l'acheteur ; tandis que, dans les cas qui précèdent, les lois parlent, non-seulement du vendeur, mais de l'acheteur. (L. 18, § 3, L. 37, *de dolo*, Dig. ; L. 43, § 2, L. 66, § 1er, *de cont. empt.*, Dig.; L. 6, § 8, *de actionibus empti*, Dig.) — *Rob. et Cuj. Controversiæ.*

Quelle action naît de la loi 2 ? Par qui peut-elle être exercée ? Comment se perd-elle ?

Si la délivrance n'a pas eu lieu, le vendeur opposera une exception à l'*actio empti*. Mais, si le contrat a été exécuté, quelle action aura-t-il pour poursuivre la rescision? Selon les uns, dit Voët, c'est une *condictio ex lege*, puisque la loi 2 a introduit une action nouvelle sans lui donner de nom. (L. 1re Dig., *de. Condict. ex lege*). Aux autres la *restitutio in integrum* a paru nécessaire : *quod moribus hodiernis*, dit Voët, *probatum est*. Mais d'abord, c'est là un remède extraordinaire, inutile à celui que protége le droit commun. Ensuite la loi 2 renvoie les parties devant le juge ; la *restitutio in integrum* est prononcée par le préteur : il s'agit donc d'un autre moyen.

Il est plus conforme aux principes de donner l'*actio ex vendito*. Il n'est pas nouveau de la voir servir à résoudre un contrat, ou même à rétablir l'équilibre entre le prix et la valeur de l'objet. Il en est ainsi quand la chose est affectée de vices redhibitoires. (L. 1re, § 10 et 11, L. 2, 3, 4, *de ædilit edicto*, Dig.) Il en est ainsi quand la propriété a été transférée avec *addictio in diem*. C'est du moins l'opinion sabinienne. Si, après la première vente, le vendeur trouve une offre plus avantageuse, il agira, dans cette opinion, par l'*actio vendit* pour recouvrer l'immeuble qu'il a vendu. (L. 4, § 4, L. 10 Dig., *de in diem addict.*) Les Proculiens, il est vrai n'accordaient, dans ce cas, que l'*actio præscriptis verbis*. La controverse dura jusqu'au jour où les Empereurs donnèrent satisfaction aux uns et aux autres, en permettant de choisir entre les deux actions. (L. 4, Code, *de leg commiss.*)

Cujas nous apprend qu'Accurse donnait au vendeur l'*act ex vendito*. Mais, on pourrait, ajoute-t-il, soutenir victorieusement que la vente entachée de lésion est nulle de plein droit, et que le juge n'intervient que pour faire rendre la chose au vendeur. Il se fonde sur les lois 3, § 3, *pro socio*, Dig.; L. 57, § 3, *de contrah. empt.*, Dig., L. 5, § 2, *de auct. tut.*, Dig. C'est une erreur assez commune aux anciens interprètes. Noodt la partage; et, longtemps après lui, le premier consul, discutant le Code Napoléon, devait la reproduire en disant : « qu'il n'y a pas de contrat de vente, lorsqu'on ne reçoit pas l'équivalent de ce qu'on donne. » (Cuj., Observ. Liv. 23, ch. 24; Noodt, t. 1er, page 301.)

Une telle interprétation est mauvaise : il faut s'en garder. Les jurisconsultes, dans ces textes, ont voulu dire seulement qu'il n'était pas nécessaire d'avoir recours à la *restitutio in integrum*, et que l'action même du contrat suffisait pour le résoudre. Il y a intérêt à distinguer. Dans certains cas, la nullité de plein droit nuirait à la victime même de la lésion. Supposons, après la vente, une dépréciation considérable de l'objet vendu. Déclarer qu'il n'y a pas eu de vente, dire que le vendeur est demeuré propriétaire, c'est le mal servir, et non le protéger. Au contraire, si la nullité n'est pas forcée, le vendeur lésé est maître de la situation.

Ce qui prouve que la vente entachée de lésion n'est pas nulle de plein droit, c'est la ressource offerte à l'acheteur pour sortir d'incertitude. Il a le droit d'intenter l'action du contrat pour obliger le vendeur lésé à rompre le silence, et à faire cesser ce qu'il y a de précaire dans sa propriété. Il peut le mettre en demeure de déclarer dès à présent s'il entend s'en tenir à la vente ou en demander la rescision. (L. 13, § 27 et 28, Dig., *de act. empti.*) De plus, le vendeur lésé ne peut plus attaquer le contrat s'il l'a approuvé. (L. 5, § 2, Dig., *de auct. tut.*) Pourrait-il ratifier une vente nulle de plein droit?

L'action en rescision pour lésion peut être exercée : par le vendeur agissant en personne ou par le ministère d'un procureur; par ses héritiers : la loi 2 est formelle (*si tu vel pater tuus*). Elle peut l'être par un *procurator in rem suam* (L. 2, *depositi*). Elle peut l'être par le créancier auquel elle aurait été donnée en gage. (L. 4, Code, *quæ res pign. oblig. poss.*) Il se fera accorder par le préteur l'action utile. (L. 7, Code, *de hered. vel act. vend.*) L'acheteur rend-il la chose ? elle devient le gage du créancier, qui réalisera son droit par les moyens ordinaires. Fournit-il le supplément du prix ? Le créancier se paiera sur ce que rapportera l'action exercée. (L. 18, princ., *de pign. act.*, Dig.)

L'action enfin peut être intentée par les créanciers ordinaires du vendeur, si une cession est intervenue entre eux et leur débiteur. Ils auront, du reste, le droit d'exiger cette cession, si le vendeur est insolvable. Le préteur peut même, dans ce cas, leur accorder l'action utile.

Cette action est prescriptible ; mais, sur le temps de la prescription, les commentateurs sont en désaccord. Cujas pense que le délai est de quatre ans, et il nous apprend que telle était la pratique des Grecs de son temps. Elle était conséquente avec elle-même, puisqu'elle faisait de cette action une *restitutio in integrum.* Voët pense avec plus de raison que l'action, comme toute action personnelle, ne se prescrit que par trente ans.

Contre l'action du vendeur, la prescription n'est pas la seule fin de non-recevoir. Voët croit qu'il sera repoussé victorieusement dans sa demande, si, au moment de la vente, il savait la valeur exacte de sa chose. En cela, Voët va bien loin. C'est que le vendeur, selon lui, n'est restitué que contre une erreur sur la valeur de ce qu'il a vendu. Je 'ne le crois pas. En introduisant dans le droit romain cette cause de rescision, le législateur a voulu secourir, non un vendeur qui s'est trompé, mais un vendeur que la faim a forcé de vendre à vil prix ce qu'il savait valoir bien davantage. On le restitue, non contre les conséquences d'une erreur qui ne serait pas excusable, mais contre les suites d'un moment de misère dont on a deviné les exigences.

Il est donc impossible, dans cette hypothèse, de suivre les raisonnements de Voët. On ne peut, dans ce cas, refuser au vendeur le bénéfice de la loi 2 : c'est pour ce cas précisément qu'il a été imaginé. Mais si, hors de cette hypothèse, Voët pense qu'on ne peut restituer celui qui s'est fait un jeu de la justice, et, sans qu'aucun besoin d'argent l'y forçât, a vendu pour un prix dérisoire, dans l'espoir de venir, le lendemain, la loi à la main, reprendre le bien qu'il avait aliéné, je le pense comme lui. Le refus de toute rescision au vendeur dans ce cas, a le tort d'être peu pratique, plutôt que d'être injuste. *Qui damnum sua culpa sentit, sentire non videtur.* (L. 203, *de reg. jur.*) Si l'on refuse l'exception de dol à celui qui, en achetant, a connu la fraude de son vendeur (L. 11, Code, *de resc. vend.*); si celui qui achète une maison qu'il sait brûlée, est forcé d'en compter le prix et de subir le maintien du contrat (L. 57, § 2, Dig., *de contrah. empt.*); si celui qui a vendu un fonds en minorité, à vil prix, sans décret du magistrat, et qui, en majorité, ratifie la vente, n'est restituable qu'autant que la ratification est le résultat d'une erreur invincible (L. 1re, Code, *si major factus*), je ne vois pas pourquoi on écouterait les plaintes d'un vendeur lésé qui, au moment du contrat, libre de tout souci, à l'abri de tout besoin, égal aux circonstances, s'est volontairement offert à la lésion. *Cujus per errorem dati repetitio est, ejusdem consulto dati donatio est.* (L. 53, *de rej. iur.*, Dig.) En aliénant à vil prix, il a fait une donation. (L. 38, *de contr. empt.*, Dig.) Voët, *de resc. vend.*; n° 17.

Si le vendeur a renoncé à se prévaloir de la loi 2, y a-t-il là contre lui une autre fin de non-recevoir? Cujas l'a nié. « La même nécessité, dit-il, qui l'a forcé à vendre à vil prix, l'a forcé à cette renonciation. Sans elle, il n'eût peut-être pas trouvé d'argent. En faisant ces deux actes, il a subi la pression de la même violence morale, c'est-à-dire des exigences de la misère. Sa volonté n'a été ni pure ni libre. Avec raison donc il réclamera contre l'un et l'autre la même restitution. » (Cujas, tome 6, page 323.)

Ailleurs, avec cette belle indécision, qui, selon madame de Staël, est le privilège de l'étendue des conceptions, Cujas pro-

fesse une doctrine opposée. » Si, dit-il, au moment de la vente,
les parties conviennent qu'il leur est libre de se circonvenir
au-delà de la moitié du prix, la convention est valable. » Ulpien dit en effet (L. 31, Dig., *de pactis*), qu'il est permis de
faire des pactes contre l'édit du préteur, soit dans le contrat
même de vente, soit après. (Cuj. *Paratitla in lib.* 4, *tit.* 44.)

Voët partage le même sentiment. Il s'appuie sur la loi 14,
§ 9, *de œdil. edicto*, Dig. Cette loi suppose que le vendeur d'un
animal s'est soustrait expressément, dans le contrat, à la garantie d'un certain vice, et a ajouté qu'il garantissait, ce vice
excepté, la qualité de l'animal. « Il faut s'en tenir, dit Ulpien,
à la convention; car, on ne doit pas restituer dans leurs actions ceux qui les ont abandonnées. » L'acheteur, en effet, a,
par ce pacte, renoncé à l'action que lui donnerait la découverte d'un autre vice redhibitoire. Mais, Ulpien ajoute que
l'acheteur pourtant ne serait pas déchu de son action, si le
vendeur a eu connaissance du vice et s'est tû frauduleusement.
L'acheteur, en ce cas, aurait la *replicatio doli mali.*

Trancher la controverse est difficile. Peut-être faut-il distinguer, et devons-nous déclarer valable la renonciation postérieure au contrat, et sans effet celle qui l'accompagne. L'acheteur qui arrache, dans la vente même, au vendeur lésé la
renonciation à l'action en rescision, n'abuse-t-il pas de la misère de celui-ci? N'est-il pas coupable de mauvaise foi, aussi
bien que ce vendeur qui, sans déclarer un vice redhibitoire
qu'il connaît, fait renoncer l'acheteur à l'action en garantie?
Au contraire, une fois la vente parfaite, le vendeur ne dépend
plus de l'acheteur : il est créancier ou propriétaire du prix.
S'il renonce alors à l'action en rescision, s'il consent à abandonner tout espoir de recouvrer le bien ou le supplément de
sa juste valeur, il le fait librement. Il n'y a aucune raison de le
restituer contre ce pacte : en le consentant, il n'a cédé à aucune pression.

Ce remède est-il donné contre les tiers-acquéreurs de bonne foi ?

Si l'on admettait l'opinion hasardée par Cujas et adoptée par Noodt, que la vente entachée de lésion est nulle de plein droit, la question ne serait pas douteuse. La vente étant nulle, la propriété n'aurait pas changé de mains. L'action du vendeur serait réelle. Il pourrait revendiquer contre les tiers-acquéreurs un bien qui serait resté sien. Mais, il n'en est pas ainsi. J'ai expliqué le motif de l'erreur de Cujas et de Noodt sur ce point, et j'ai soutenu avec Voët que le vendeur réclamait contre la lésion par l'*actio venditi*, action personnelle, puisqu'elle est née d'un contrat. Aussi, arriverai-je à une solution toute différente. Le vendeur lésé peut actionner son acheteur, mais non le tiers auquel l'acheteur a revendu la chose. Ajoutons que l'action *de dolo* est certainement personnelle. Pourquoi traiter la victime de la lésion plus favorablement que la victime du dol ? Le contraire ne serait-il pas plus rationnel, s'il n'était pas plus sûr de les laisser sur le même pied ?

Voilà le principe : l'insolvabilité de l'acheteur peut le modifier. Primus vend à vil prix un fonds à Secundus. Il peut se faire que Secundus soit depuis devenu insolvable. S'il a revendu la chose à Tertius à vil prix aussi, avec dol et en fraude de son vendeur, et qu'on puisse prouver la complicité de Tertius, celui-ci peut être poursuivi. (L. 1re, Code, *si vend. pign. agat.*; L. 8, § 1er, Dig., *mandati*) Primus intentera contre lui l'action Paulienne, dont les conditions se trouvent réunies.

Si Tertius n'est pas complice de la fraude, il serait cependant inique qu'en obtenant la chose à vil prix, il s'enrichît au détriment de Primus. Secundus étant insolvable, l'équité réclame qu'on vienne au secours de Primus en face de Tertius. (L. 13, §. 1er, L. 14 et 15, Dig., *de minoribus*; L. 3, Code, *si vend. pign. agatur.*) Voët pense qu'on pourrait même, en ce cas comme dans le précédent, donner à Primus lésé la ressource de l'action Paulienne. Peu importe la complicité de Tertius. « En effet, dit-il, Secundus, le jour où il a revendu à vil prix en fraude de Primus, peut être considéré comme ayant fait à Tertius une donation dans la mesure de ce dont la valeur de la chose revendue dépasse le prix qu'il en a reçu : or, l'action Paulienne cesse d'exiger la complicité de l'acquéreur, toutes les fois que l'aliénation faite en fraude des créanciers est une donation, puisque, à titre égal, on favorise celui qui lutte pour éviter une perte, plus que celui qui lutte pour faire un bénéfice. » (Voët, de resc. vend.; 6.)

Il y a donc à distinguer. Si Tertius a acheté à juste prix la chose sortie des mains de Primus lésé, et a payé son prix à Secundus devenu insolvable, il est à l'abri de toute inquiétude. Primus, qui n'a qu'une action personnelle, se trouve désarmé en sa présence. Mais si Secundus, aujourd'hui insolvable, a vendu à vil prix, en fraude de Primus, la chose qu'il avait achetée de lui à vil prix, Primus a l'action Paulienne. Que Tertius soit ou non complice de la fraude, on n'en tient aucun compte. Cette action permettra à Primus de faire rentrer le bien dans le patrimoine de Secundus, et d'en poursuivre la restitution même entre les mains de Tertius. (§ 6. Inst., de actionibus, Théophile.)

Si, en général, l'action en rescision ne prévaut pas contre une sous-aliénation, elle prévaut sur d'autres droits. Noodt pense avec raison que, si l'acheteur a hypothéqué le fonds, l'hypothèque s'éteint quand la vente est rescindée. Vinnius et Cujas ont soutenu le contraire : c'est à tort selon moi. Il ne s'agit plus ici, comme tout à l'heure, d'un droit de propriété succédant à un droit de propriété, ayant une existence principale et distincte, ne procédant du droit générateur que dans une mesure restreinte, et n'étant plus, pour ainsi dire, solidaire des vices qui pouvaient entacher une propriété désormais éteinte. Il s'agit de deux droits coexistants, l'un principal, l'autre accessoire. Il est impossible que, le principal s'éteignant, l'accessoire puisse subsister.

Quel est le taux de la lésion ? Comment se prouve-t-elle ?

Dioclétien a déterminé le taux que la lésion devait atteindre, pour que le vendeur lésé pût intenter l'action en rescision. Il faut qu'elle dépasse la moitié du juste prix : « ce qui suppose, dit Cujas, qu'une chose valant 10 solides, je l'ai vendue 3 ou 4. » Et il ajoute : « Saint Chrysostôme dit quelque part qu'acheter en payant moins du juste prix, est un acte qui frise le vol. Mais, aujourd'hui, il est certain que l'acheteur est pur de toute fraude, si le vendeur n'est pas lésé de plus de la moitié du juste prix; car, comme il est dit dans Plaute (Perse, act. 4, sc. 4) : « Veux-tu faire un achat avantageux? — Et » toi, veux-tu faire une vente avantageuse? » Il est évident que tel est le désir des deux parties. Le vendeur n'a donc pas le droit de se plaindre, s'il a vendu 5 l'immeuble qui vaut 10. Il a reçu la moitié du juste prix. Or, il ne peut réclamer que s'il a reçu moins de cette moitié. (Cuj., *Paratitla*.)

Jusque-là il n'y a aucune difficulté. Il y en a plus, quand on accorde à l'acheteur l'action en rescision. Quel est pour l'acheteur le taux de la lésion? Cette question fut, entre les anciens interprètes, l'objet de vives controverses. Joannes Robertus pense que l'acheteur n'est lésé que s'il a payé le double de la valeur réelle, c'est-à-dire s'il a payé 21 la chose qui valait 10. En effet, dit-il, les deux contractants sont sur le même pied. Il est permis à chacun de léser l'autre, jusqu'à concurrence de la moitié de la valeur que celui-ci apporte au contrat. L'un y met un corps certain : l'autre y met une somme d'argent. Le vendeur se dépouille d'une chose qui vaut 10 : si, en retour, il reçoit moins de 5, il est lésé. L'acheteur se dépouille d'une valeur de 21. Reçoit-il en équivalent moins de la moitié de cette valeur? Alors seulement il est lésé. Il ne l'est pas, si on lui donne une chose valant 11. Il ne l'est pas non plus, s'il a payé 20 la chose qui vaut 10. Cette opinion, d'abord combattue par Dumoulin, dans son commentaire de la coutume de

Paris, au titre des fiefs, § 22, rallia à la fin cet illustre interprète. Ce fut même d'une façon si complète, qu'il finit par traiter de gens têtus et ridicules les partisans de sa première opinion.

Suivant Voët, l'acheteur est lésé si, la chose valant 10, il l'a payée, non plus 21, mais 16. En effet, dit-il, qu'appelle-t-on lésion, sinon le défaut d'égalité entre la chose vendue et le prix? Le juste prix étant 10, le vendeur est lésé si on lui donne moins de 5. De même, l'acheteur doit l'être si, en outre du juste prix, il donne plus de 5. Les deux contractants sont sur le même pied. Chacun est obligé à une égale valeur, soit en nature, soit en argent. Si l'un, trouvé en perte de 6, est restitué, si l'autre, en perte de 6, ne l'est pas, l'inégalité est injuste.

Cette controverse, dont nous ne trouvons pas trace dans les monuments du droit Romain, cette difficulté restée inexpliquée par les constitutions des Empereurs, ne suffirait-elle pas seule à prouver que jamais la législation Romaine n'a accordé à l'acheteur le privilège qu'elle accordait au vendeur? Sans essayer de trancher cette controverse, je me contenterai de dire avec Cujas que, « comme la loi 2 ne doit pas être étendue à l'acheteur, il est superflu de chercher à quel instant la lésion de l'acheteur devient intolérable, et s'il faut qu'une chose valant 10, il l'ait payée 16 ou qu'il l'ait payée 21. »

La preuve est à la charge du vendeur qui se prétend lésé. La loi n'a pas tracé la marche à suivre. Elle déclare seulement qu'une disproportion même considérable, entre le prix que le vendeur a payé pour acquérir la chose, et le prix qu'il a reçu pour l'aliéner, ne suffit pas à établir la lésion. (L. 4, Code, *de resc. vend.*) Le demandeur pourra faire entendre des témoins. Le juge, de son côté, s'entourera des renseignements qu'il croira utiles. Le vendeur qui intente une action mal fondée, s'expose à la peine des plaideurs téméraires. (L. 4, Tit. 16, Inst.)

Pour estimer la chose vendue, il faut se placer, non au temps de la demande, mais au temps et au lieu de la vente. (L. 8 in fine, Code, *de resc. vend.*) Si l'on considérait le moment ou le lieu de la demande, « une foule de ventes seraient infirmées, dit Voët, parce que le prix de chaque chose varie selon les contrées, et que la cherté augmente ou diminue chaque jour, suivant, dans ses variations, celles de la mode, de la rareté ou de l'abondance. « Le prix de chaque chose dépend du moment. » dit Sénèque (Liv. 4, des Bienfaits, Ch. 15). Pour connaître le juste prix, on apprécie la qualité de la chose, la somme des revenus qu'elle peut produire, et tous les faits de nature à en révéler la véritable valeur. » (Voët, *de resc. vend.*, n° 7.)

Mais, l'affection particulière que le vendeur avait pour sa chose n'entre pas en ligne de compte. La convenance du site ou du climat, des souvenirs d'enfance ou de famille, lui donnaient peut-être plus de prix à ses yeux. Ni dans ces considérations personnelles, ni dans les goûts particuliers du vendeur, le juge ne peut trouver d'éléments d'appréciation. C'est l'opinion commune qui servira de mesure. *Pretia rerum non ex affectu nec utilitate singulorum, sed communiter finguntur.* (L. 63, Dig., *ad leg. Falc.*)

———

Des droits et obligations qui découlent pour le vendeur et l'acheteur de l'existence de la lésion.

Une fois que le vendeur a prouvé la lésion qu'il a soufferte, le nouveau rapport de droit qui s'établit entre les deux parties engendre d'importantes conséquences. L'acheteur doit restituer le fonds, si mieux il n'aime payer le supplément du juste prix. Son obligation est-elle alternative ou facultative? Malgré l'opinion de M. de Savigny (Traité des Oblig., tit. 1er, ch. 1er, § 38), elle me paraît facultative. Je le prouve par les expressions mêmes de la loi 2 : « *Si emptor elegerit.* » Disons donc avec Dumoulin : « *Restitutio rei in obligatione est, suppletio autem pretii in facultate solutionis.* » (L. 6, § 1ᵉʳ, *de re judicata*, Dig.)

L'idée de cette option laissée à l'acheteur n'est pas de Dioclétien ; il l'a trouvée dans l'ancien droit des Pandectes. Pour soutenir qu'il n'a pas innové dans le fond, Noodt argumente même de ce qu'il n'a pas innové dans ce détail. Ulpien (L. 1ʳᵒ, § 12, *si quid in fr. patr.*, Dig.) suppose qu'un affranchi, en fraude de son patron, a vendu une chose. « Il faut, dit-il, déférer à l'acheteur l'option de conserver la chose moyennant son juste prix, ou d'abandonner la chose en recouvrant le prix payé. » (Add. L. 12, § 1ᵉʳ, *de jure dotium*, Dig.) Dioclétien a transporté cette règle dans la matière qui nous occupe. C'est ainsi que la loi 2, sortant de ses mains, procédait, par ces détails, de l'ancienne législation de Rome, en même temps qu'elle répondait, par le fond, aux besoins croissants d'équité. C'était un pas de plus dans cette œuvre éclairée de conciliation du droit civil et du droit naturel, qui fut la gloire des Empereurs Romains.

§ 1ᵉʳ.

Du cas où l'acheteur restitue la chose.

L'acheteur doit restituer la chose comme il l'a reçue : toutefois il ne peut en séparer les accessions. Comme je l'ai déjà dit, les hypothèques et les servitudes, qu'il a consenties pendant sa propriété éphémère, s'évanouissent. Le fonds revient libre aux mains du vendeur lésé. Ceux qui ont accepté ces divers droits sont en faute. Prudents, ils auraient fait des recherches. Ils auraient su que la propriété de leur auteur était entachée, à sa source, d'un vice susceptible d'en amener la rescision. D'ailleurs, pour éviter ce résultat, il leur est libre de parfaire le juste prix.

En résumé, le vendeur, soit au point de vue des accroisse-

ments de la chose, soit au point de vue des charges dont elle a
pu être grevée, est censé être toujours resté propriétaire. Mais,
une fiction de droit ne peut prévaloir contre les faits. En rayant
la propriété de l'acheteur, on ne raie pas le temps de sa possession. Le plus souvent, il y aura lieu à un règlement de
comptes entre le vendeur et l'acheteur. Fruits, impenses, dégradations, tels en seront les éléments ordinaires et les chefs
principaux. Le législateur n'a pas tracé pour ce cas les règles
à suivre. Le juge les empruntait sans doute à des matières
analogues, en les modifiant selon les circonstances, au nom de
cette équité naturelle dont la loi 2 était l'expression. *Bonus
judex varié ex personis causisque constituet.* (L. 38, Dig., *de
rei vindicatione.*)

Améliorations. — Si sur le fonds l'acheteur a fait des répa-
rations et des dépenses considérables, a-t-il le droit d'exiger
que le vendeur l'en indemnise? La négative a été soutenue.
L'acheteur, a-t-on dit, avait la faculté de fournir un supplément et de retenir ainsi la chose. Est-il en perte de n'avoir
pas pris ce parti? C'est à lui seul qu'il doit s'en prendre. Cette
argumentation n'est pas concluante. Nul n'est en faute quand
il ne fait qu'user d'un droit.

Si donc ces dépenses sont nécessaires ou utiles, elles entrent
pour une part dans la restitution que le vendeur fera à l'a-
cheteur. « En effet, dit Voët, si un vendeur restitué du chef de
sa minorité, doit rembourser les dépenses faites par l'acheteur, pendant que l'acheteur était propriétaire, malgré toute
la faveur qui s'attache à l'âge et à la cause des mineurs (L. 39,
§ 1er, Dig., *de minoribus*); si, quand la vente est résolue par
suite d'une *addictio in diem*, le vendeur qui reprend sa chose
doit rembourser à l'acheteur les dépenses nécessaires, bien
que cet acheteur ait pu, en dépensant ainsi, se faire taxer
d'imprudence, puisqu'il devait savoir tout ce qu'avait de précaire une propriété grevée de cette condition; si enfin l'héritier fiduciaire, grevé d'un fidéicommis à terme, doit être rendu
indemne des dépenses qu'il a faites pour reconstruire des

maisons brûlées, encore qu'il dût savoir qu'il n'avait qu'une propriété temporaire (L. 40, § 1er, Dig., *de condict. indeb.*); n'y a-t-il pas des raisons bien plus fortes encore, quand une vente est rescindée pour lésion, de rendre à l'acheteur les impenses qu'il prouve avoir faites de bonne foi sur un bien, dont un titre d'achat semblait lui assurer l'entière et perpétuelle propriété? C'est ce qui a lieu dans le cas où une vente est rescindée pour vices rédhibitoires. Dans les deux cas, l'acheteur a cru, dès le principe, recevoir une propriété stable, et qui ne pourrait cesser qu'en vertu d'un nouvel acte de sa volonté, ou d'une cause nouvelle d'obligation. Dans les deux cas pourtant, une lésion se découvre : la vente se résout et la propriété retourne au vendeur. Or, dans le cas où la vente est rescindée par l'effet de l'action rédhibitoire, le vendeur doit rendre à l'acheteur, non-seulement le prix, mais les dépenses faites sur la chose vicieuse. C'est ce qui résulte de textes formels. » (L. 27, L. 29, § 1er; L. 30, § 1er; L. 31 *princ.*, Dig., *de œdil. edicto.*) Voët, *de resc. vend.*, no 8.

Comme le fisc ne rend pas à l'acheteur d'un esclave les droits de mutation qu'il a payés, (*quinquagesima mancipiorum venditorum*) le vendeur doit lui rembourser cette dépense comme les autres, afin que l'acheteur s'en aille complétement indemne. (L. 27 *in fine*, Dig., *de œdil. edicto.*) *Debet emptor indemnis discedere.* (Voët, *de resc. vend.*, no 9.)

Le vendeur n'est pas tenu d'indemniser l'acheteur des dépenses courantes, qui sont ordinairement une charge des revenus. (L. 13, *de impensis in reb. dot. fact.*; L. 7, § 2, *de usuf.*, Dig.)

La loi 48, Dig., *de rei vindicatione*, accorde une faveur au véritable propriétaire en face du possesseur de bonne foi. Il peut compenser les fruits que celui-ci a recueillis avant la *litis contestatio*, avec le montant des impenses qu'il réclame. Le vendeur lésé jouit-il du même droit? Je ne le pense pas. L'acheteur contre qui la rescision est prononcée a payé un prix. Le vendeur en touche les intérêts, pendant que l'acheteur perçoit les fruits du fonds. Les deux jouissances se compensent. Au contraire, dans l'hypothèse de la loi 48, en échange de son fonds le propriétaire n'a rien reçu. Non indemnisé par lui, le tiers de bonne foi s'indemnisera ailleurs. S'il a contracté à titre onéreux, il pourra revenir contre son auteur. S'il est donataire, il n'a pas, il est vrai, d'action en garantie; mais, il n'a pas à se plaindre : au pis-aller il ne perdra rien.

Dégradations. — Si, en dégradant, l'acheteur n'a pas eu l'intention bien prouvée de nuire au vendeur, il n'est pas responsable de ses dégradations. Il se croyait légitime propriétaire. *Qui rem quasi suam neglexit, nulli querelœ subjectus est.* (L. 31, § 3, *de hered. pet.*). Cependant, s'il a tiré profit de ces détériorations, s'il a démoli une maison pour en vendre les matériaux, il en doit compte au vendeur. *Nemo cum alterius damno fieri debet locupletior.* (L. 206, Dig , *de reg. juris.*)

Fruits. — Noodt pense que, la vente étant rescindée, l'acheteur doit rendre le fonds avec tous les fruits qu'il en a perçus, le vendeur doit rendre le prix avec tous les intérêts qu'il en a retirés. C'est le seul moyen, dit-il, d'obtenir qu'aucune des parties ne soit lésée.

Ce système semble équitable; mais, à mon sens, les principes du droit le condamnent. Si un simple possesseur de bonne foi gagne tous les fruits qu'il a perçus et consommés avant la *litis contestatio*, on ne peut les refuser à l'acheteur. Il a eu plus juste sujet encore de se croire propriétaire. Aussi, Cujas pense-t-il que l'acheteur, en rendant la chose, n'est pas tenu de rendre les fruits. Il y aura compensation des fruits qu'il a recueillis, avec les intérêts du prix que le vendeur a touchés. Il importe d'établir cette assertion.

Il est évident d'abord que l'acheteur, comme le possesseur de bonne foi, est comptable de tous les fruits qu'il a perçus depuis la *litis contestatio*. S'ils ont été perçus avant, il y a une distinction. Le possesseur de bonne foi ne garde que ceux qu'il a consommés : l'acheteur les garde tous sans distinction, même si, au temps de la *litis contestatio*, ils existent encore en nature. En effet, l'acheteur a fait les fruits siens, non en vertu de sa bonne foi, mais en vertu de sa propriété. Si, quand on parle du tiers de bonne foi, on peut dire qu'il est *presque* aux lieu et place du propriétaire, quand on parle de l'acheteur, il faut effacer cette restriction. Le vendeur, de son côté, ne rendra des intérêts du prix que ceux qu'il a touchés depuis la *litis contestatio.* Il compensera les autres, comme dit Cujas, avec les fruits qui restent aux mains de l'acheteur.

Il est vrai que cette solution semble moins équitable que celle de Noodt. Le montant des intérêts sera le plus souvent inférieur à la valeur des fruits, puisque la chose qui produit les fruits vaut plus de deux fois le prix qui produit les intérêts. Mais, toute restitution imposée à l'acheteur serait dure. Il a pu se croire légitime propriétaire. Il a pu augmenter ses dépenses, en prévision de ces fruits qu'on voudrait aujourd'hui lui enlever. En exigeant des deux côtés une restitution, non-seulement Noodt se met en contradiction avec les principes du droit ; mais souvent aussi, cette équité qu'il cherche, il se trouvera l'avoir traversée sans l'atteindre. En voulant sauver toute perte au vendeur, il induit souvent l'acheteur en perte. Or, s'il faut que l'un des deux perde, il est juste que ce soit le vendeur, plutôt que l'acheteur. L'acheteur avait le droit de se reposer sur la foi du contrat, et de consommer, même par anticipation, des fruits que portait un fonds à lui. C'étaient les produits de son patrimoine. Le vendeur a plus à se reprocher. S'il n'a pas su le juste prix de sa chose, il est en faute de l'avoir ignoré. (L. 15, Code, *de resc. vend.*) S'il a cédé à une nécessité majeure, il doit s'estimer heureux que l'humanité du législateur le protége, dans une mesure si large, contre la lésion d'une vente qu'il a consentie, et non arracher avidement à l'acheteur tout ce que l'acheteur a pu gagner. Pour l'empêcher de s'enrichir, il ne doit pas risquer de l'appauvrir. Dans ce cas d'ailleurs, le vendeur pouvait rendre illusoire le préjudice qu'il éprouve, en intentant immédiatement l'action en rescision. Il ne peut pas se plaindre des

conséquences d'un retard, quand il est en faute d'avoir at-
tendu.

Le scholiaste d'Harménopule (Liv. 3, Tit. 3, n° 82) veut que
l'acheteur rende les fruits produits par la portion du fonds
qui n'a pas d'équivalent dans le prix. Si, une chose valant 10,
l'acheteur l'a payée 4, il devrait rendre les 6/10 ou les 3/5
des fruits. Cette idée a été puisée dans la loi 65, Dig., *de rei
vindic.* : c'est à tort. Cette loi n'a aucune analogie avec le cas
qui nous occupe. Soit donc qu'entre les fruits et les intérêts
on établisse une compensation proportionnelle, soit qu'on se
refuse à toute compensation, l'erreur, pour être diverse, n'en
est pas moins grave.

En vain contre le système que je soutiens, on argumente
des lois sur l'*addictio in diem.* (L. 4, § 4 et L. 6, *de in diem
addict.*) Dans l'*addictio in diem*, l'acheteur qui perd le fonds
perd en même temps tous les fruits qu'il a produits. C'est que
la position de l'acheteur n'est plus la même : la vente ici est
résiliée en vertu d'une clause même de la vente. L'acheteur
a su qu'il n'obtenait qu'une propriété révocable, et qu'il pourrait un jour, avec la chose, avoir à rendre les fruits : il a dû
les conserver. Les fruits doivent encore être restitués, si la
vente est résolue en vertu d'un pacte commissoire. Mais, la
différence est facile à saisir. L'acheteur est en faute si, au jour
dit, il ne paie pas le prix. Il ne peut profiter d'un contrat,
dont lui-même viole les conditions.

Mais, ce qui semble plus décisif en faveur du système contraire, c'est que, dans l'action rédhibitoire, il faut rendre d'une
part la chose vendue avec tous les fruits recueillis, d'autre
part le prix avec tous les intérêts perçus. (L. 29, § 2, Dig., *de
œdil. edicto.*) Or, dans ce cas comme dans le nôtre, l'acheteur
a reçu une propriété qu'il a pu, en la recevant, croire irrévocable. Dans les deux cas, le contrat est rescindé pour lésion.
Mais, à côté de ces ressemblances, il y a, au point de vue qui
nous occupe, une raison de distinguer. Dans l'action rédhibitoire, il peut facilement n'y avoir aucune faute du vendeur.

Le vice était caché : il pouvait l'ignorer aussi bien que l'acheteur ; et ce vice était tel, que l'acheteur, s'il l'eût connu, n'aurait pas acheté. Aussi, qu'arrive-t-il ? C'est que la vente est résolue complétement et regardée comme non avenue : on rend la chose avec tous les fruits, le prix avec tous les intérêts. Mais, au cas qui nous occupe, le vendeur, même s'il était sous l'empire du besoin, a été téméraire. S'il a ignoré la valeur de la chose, il est inexcusable : « S'il se fût informé, dit Voët, il pouvait la connaître ; s'il eût obéi au vœu des lois, il ne devait pas l'ignorer. (L. 15, Code, *de resc. vend.*) La restitution ne peut donc être complète au point de vue des fruits : l'acheteur les doit peut-être à des soins particuliers et à une industrie personnelle. » (Voët, *de resc. vend.*, n° 10.)

Reste une dernière objection. Quand le bien d'un mineur a été aliéné sans décret du magistrat, le mineur, restitué contre une telle vente, reprend à la fois la chose qu'il a vendue et les fruits qu'elle a produits. (L. 24, § 4, *de minoribus*, Dig.) Mais pourquoi? Parce qu'une telle aliénation est nulle de plein droit. Le mineur n'a pas cessé d'être propriétaire : c'est donc pour lui que les fruits naissaient entre les mains de l'acheteur. (L. 1er, Code, *si maj. fact.*) L'acheteur, n'ayant aucun titre, recueillait les fruits non de sa chose, mais de la chose du pupille.

§ II

Du cas où l'acheteur fournit le supplément du juste prix.

Souvent l'acheteur aura intérêt à conserver un fonds qui n'a pas cessé de lui convenir, ou dont la valeur peut avoir augmenté. La loi 2 lui permet de le garder, en payant au vendeur lésé le supplément du juste prix. Joannes Robertus s'est fondé sur un passage d'Harménopule, qu'il entendait mal, pour nier cette assertion. Il a soutenu qu'il suffisait à l'acheteur, pour se soustraire à l'éviction, de compléter ce qui man-

que, non pas au juste prix, mais à la moitié du juste prix.
« En effet, disait-il, la lésion n'est une cause de rescision que
quand elle dépasse cette moitié : l'acheteur n'a donc qu'à la
parfaire pour se mettre à l'abri de cette rescision. Il y a encore
lésion ; mais, la loi désormais est impuissante à l'atteindre. »

Cette singulière opinion, qui avait séduit d'anciens interprètes, se réfute d'elle-même. Si tel était le sens de la loi 2,
la disposition qui prévoit la restitution de l'immeuble serait
restée une lettre morte. Entre les deux termes de l'option
qu'elle laisse à l'acheteur, il n'y aurait pas cette égalité que
ses termes supposent. En effet, comme dit Perezius, *a quid ni
malit potius dimidium supplere, quam totam rem reddere?* »
(In Cod., h. tit.; n° 12.)

Cujas dit que l'acheteur qui fournit le supplément, en doit
les intérêts du jour de la vente. Il ajoute même que cette solution est incontestable : je ne le crois pas. Voët pense avec
plus de raison que l'acheteur ne doit ces intérêts qu'à partir
de la *litis contestatio.* Le vendeur n'a aucun titre pour exiger
ceux du temps antérieur. Le texte de la loi n'accorde au vendeur autre chose que le supplément du juste prix. Il n'y a eu
à cet égard ni convention, ni mise en demeure. (L. 5, Code,
de act. empti.) On objecte que l'acheteur ne peut avoir une
double jouissance, et garder à la fois les fruits du fonds et les
intérêts du supplément. Mais, il est facile de répondre avec
Pothier « qu'il suit de là seulement qu'un acheteur qui n'a
pas payé au total le prix qu'il doit est tenu des intérêts de ce
qui reste dû ; mais, dans notre espèce, l'acheteur qui a payé
le prix convenu, a payé tout ce qu'il devait. Il n'a commencé à
devoir ce qui manquait pour le juste prix, que depuis la réfor-
mation du contrat. »

§ III.

Du cas où la chose a péri par cas fortuit.

J'ai dit plus haut que l'obligation de rendre la chose ou d'en compléter le juste prix était pour l'acheteur une obligation facultative. La chose seule étant dûe, si elle périt sans la faute de l'acheteur, l'acheteur est libéré. Il n'est pas même responsable de sa négligence : il avait le droit de se croire propriétaire. (L. 18, § 1er, Dig., *Sol. matrim.*) *In rerum ipsius administratione non erat culpa ab eo exigenda.* Cette décision, que commandent les principes, satisfait en même temps aux exigences de l'équité. De quoi peut se plaindre le vendeur? d'avoir vendu. C'est la vente seule qu'il peut accuser, parce que la vente seule l'a lésé. Mais, s'il n'avait pas vendu, il aurait subi un préjudice bien plus considérable. Vendeur lésé, il garde du moins, dans un prix trop vil, une représentation telle quelle de sa chose : resté propriétaire, il n'eût rien conservé. (L. 12, § 1er, *de jure dotium*, Dig.)

M. de Savigny croit que l'obligation de l'acheteur est alternative. Aussi, quand la chose a péri, même par cas fortuit, le déclare-t-il tenu du supplément? Ce n'est pas admissible. La chose périssant, l'obligation de l'acheteur serait plus rigoureuse, puisqu'elle n'aurait plus d'alternative. Or, dit Cujas, sa condition ne peut devenir pire, par suite d'un événement arrivé sans sa faute.

Toutefois, si la chose avait péri aux mains d'un sous-acquéreur, il faudrait peut-être décider autrement. Si le premier acheteur a revendu le fonds pour un prix raisonnable, l'immeuble périssant, le vendeur lésé avait peut-être droit au supplément du juste prix. Si d'une part, l'obligation de l'acheteur est facultative, d'autre part, libérer l'acheteur serait l'enrichir aux dépens du vendeur : et tout est dominé, à Rome, par une question d'équité. La chose, dit Voët, est encore dans le patrimoine de l'acheteur, puisqu'on y trouve un prix qui en est l'exact équivalent.

DE LA LÉSION DANS LES PARTAGES D'HÉRÉDITÉ.

Le législateur a permis, nous l'avons vu, la rescision de la vente pour lésion. Il a voulu ainsi venir au secours du propriétaire qui, sous l'empire d'une nécessité majeure, vend à vil prix une chose de grande valeur. En permettant de rescinder les partages pour lésion, son idée a été un peu différente. Il a voulu surtout, je crois, rétablir une égalité, qui est de l'essence du partage. La vente est pour chaque partie un trafic et une spéculation : le partage est une opération de famille. Dans la vente, chacun des contractants agit pour soi. Chacun a le droit de préférer son intérêt à celui de l'autre. Chacun cherche à faire son affaire, sans se soucier si l'autre fait la sienne. Au contraire, ce lien intime, que les jurisconsultes avaient vu entre les divers membres d'une société, et qui existe plus étroit encore entre ceux qu'une origine commune rend cohéritiers légitimes, ou qu'une commune amitié rend cohéritiers testamentaires, cette union morale, cette fraternité véritable fait que le partage, dans la pensée des législateurs, s'est en quelque sorte éloigné de l'égoïsme d'intérêt qu'autorise le droit ordinaire, pour se rapprocher du désintéressement que commande la morale. Si donc la lésion vicie la vente, à plus forte raison elle doit vicier le partage. L'équité exige qu'il y ait égalité dans les lots, là où il y a égalité dans les droits.

Je ne dirai rien de la lésion qui résulte, dans le partage, du concours d'une personne qui n'avait aucun droit. Il y a erreur dans ce cas : il n'y a pas lésion. C'est l'inégalité dans les lots qui constitue la lésion véritable. Mais, il importe de distinguer si le partage a été fait à l'amiable, ou s'il a eu lieu en justice.

§ Ier.

Partage amiable.

Les lots sont-ils inégaux? Il faut rechercher si l'inégalité provient du dol de l'héritier qui a pris le lot le plus fort, ou si elle est simplement le résultat d'une erreur. « S'il y a eu dol, nul doute, dit Voët, que le juge ne doive rétablir l'équilibre, en vertu des pouvoirs qu'il puise dans la formule de l'action de bonne foi. (L. 3, Code, *communia utriusque judicii*.) Il le doit, non-seulement si la lésion est énorme et d'outre-moitié, mais même si elle est beaucoup moindre, pourvu cependant qu'elle existe encore dans une mesure qui donnerait l'action du dol dans un contrat de droit strict. »

Si l'inégalité des lots est exempte de dol, s'il n'y a qu'une erreur dans la valeur des choses héréditaires, si tous les copartageants ont été de bonne foi, la lésion est-elle indifférente? La loi 3 (*comm. utr. jud.*, Code), répond négativement. Mais, ce qu'elle laisse dans l'incertitude, c'est le point de savoir à quelles conditions on peut, pour cette cause, attaquer un partage. A quel moment la lésion devient-elle assez sérieuse pour armer d'une action celui qui la subit? Suffit-il d'une lésion quelconque pourvu qu'elle soit notable? Faut-il qu'elle dépasse la moitié de sa quote-part héréditaire?

Le cas de dol excepté, Voët pense avec raison que le copartageant ne peut se plaindre, s'il n'est lésé d'outre-moitié. La loi 1re, Code, *comm. utr. jud.*, assimile le partage à la vente. Une loi du Digeste, donne aux copartageants l'*actio ex empto* pour recourir les uns contre les autres. N'est-ce pas dire que les deux contrats se régissent par les mêmes principes, et qu'il faut emprunter à l'un pour combler les lacunes de l'autre? N'est-ce pas dire qu'en posant une règle pour la vente, le législateur la pose pour le partage, à moins que, par un texte spécial, il n'en exclue l'application? Si, dans la pensée des empereurs, la vente et le partage devaient différer au point de vue qui nous occupe, si, dans ces deux contrats, une inégalité pareille ne devait pas engendrer une rescision pareille, si la vente devait tenir contre une lésion plus forte, si le partage exigeait entre les divers lots un plus exact équilibre, les empereurs s'en seraient expliqués. La loi 3, *comm. utr. jud.*, ne parle pas, il est vrai, d'une lésion d'outre-moitié; mais, elle est de Dioclétien et de Maximien. La loi 2 *de resc. vend.*, est l'œuvre des mêmes empereurs : complétons-les l'une par l'autre.

On objecte que ce système n'est pas équitable. Pour cause de lésion, le législateur rescinde la vente, parce qu'il veut restituer le vendeur contre les conséquences d'un besoin pressant d'argent : il rescinde le partage parce qu'il veut y faire régner la plus stricte égalité. Ne serait-il pas étonnant, a-t-on dit, que, dans deux cas si différents, la lésion exigeât le même chiffre? L'une des hypothèses n'est-elle pas plus favorable que l'autre? Peut-on assimiler, au point de vue qui nous occupe, un contrat où nul ne doit obtenir plus que l'autre, avec un contrat où, dans une large mesure, il est libre aux parties de se circonvenir? N'est-il pas au moins hasardé de donner une solution unique, quand les points de départ sont si différents? — On ne peut méconnaître, dans ces objections, un vif sentiment de l'équité. Mais l'équité, a-t-on dit, est l'ennemie du droit. Les considérations morales ne peuvent prévaloir contre les textes.

Le demandeur doit prouver l'existence de la lésion. Pour l'apprécier, le juge estimera les biens d'après leur état et leur valeur au moment du partage. Il ne tiendra pas compte des circonstances qui, plus tard, en ont accru ou diminué le prix.

Si les lots ont été tirés au sort, une distinction est nécessaire. « Si chacun des copartageants, dit Voët, a consenti à ce que la composition des lots fût inégale, dans l'espoir d'un gain que la fortune pouvait faire tomber sur lui, l'acte est inattaquable, puisque les conventions aléatoires ne tombent pas sous le coup de la loi 2. Aucune rescision n'est possible, en vertu de l'adage qui dit que personne n'est lésé, quand la même chance de gain a plané sur tous. Si, au contraire, les cohéritiers ont cru les lots égaux, s'ils n'ont voulu laisser au hasard que l'attribution à chacun d'eux de parts équivalentes, la voie de la rescision est ouverte au cohéritier lésé. S'il eût connu d'avance la différence de valeur, il est probable qu'il aurait exigé une plus équitable répartition. » (Voët, *fam. erc.*, Ch. 14, n° 11.)

---

§ II

Partage judiciaire.

Voët pense que la rescision est possible, même si le partage a eu lieu en justice. « La présence du juge, dit-il, n'empêche pas qu'une erreur ne puisse être commise dans l'estimation des choses à partager. Si cette erreur produit une lésion, la réformer est à la fois conforme à l'équité et à la nature des actions de bonne foi. » (Voët, *fam. erc.; n° 35.)

Je ne partage pas cette opinion. Non qu'on ne puisse l'appuyer par de bonnes raisons. Mais la question me semble tranchée par le texte même de la loi 3, *comm. utr. jud.* : « *Majoribus etiam*, dit cette loi, *per fraudem vel dolum, vel perperam* SINE JUDICIO *factis divisionibus, solet subveniri.* » Quel est le sens des mots *sine judicio,* s'ils ne sont pas là pour exclure, dans tout partage judiciaire, la rescision pour lésion? On a dit, je le sais, qu'ils étaient synonymes des mots *sine consilio*, et qu'ils n'avaient trait qu'aux lots inégaux formés sans dol ni fraude. Il se peut que l'Empereur ait pensé ce qu'on lui fait dire. Mais, toujours est-il que, s'il avait pensé le contraire, il ne se serait pas exprimé autrement. On objecte que le mot *perperam*, employé seul, rendrait mal la pensée de la loi. — L'objection manque, je crois, de fondement; le mot *perperam* suffisait au législateur pour exprimer l'idée d'inégalité. Il a ajouté d'autres mots pour ajouter une autre idée, et refuser tout effet à la lésion, dans les partages faits par l'office du juge.

Sur la rescision du partage pour lésion, bien des questions encore restent dans l'ombre. Les cohéritiers peuvent-ils, comme l'acheteur, éviter la rescision par l'offre d'un supplément? Le partage est-il brisé vis-à-vis de tous, ou seulement vis-à-vis de la partie lésée? Pour résoudre ces difficultés, les documents nous manquent. Peut-être, dans le silence des lois, n'y avait-il pas de règle absolue. Le juge conciliait avec les exigences de l'équité le respect dû à un acte accompli. « *In melius divisio reformabitur.* »

DE LA LÉSION DANS LES PARTAGES D'ASCENDANTS.

En aucun temps, la loi 3 (*comm. utr. jud.*, Code), ne s'appliqua aux partages d'ascendants. A l'origine, ils n'étaient soumis à aucune restriction : la loi des Douze tables n'avait posé aucune limite à la liberté du testateur. La disposition faite par le défunt constituait un ensemble de legs *per præceptionem;* et, comme il aurait pu, à son gré, exhéréder l'un de ses enfants, ou l'instituer *ex asse*, il n'était pas tenu d'observer l'égalité. A partir de la loi Falcidie, la quarte qu'elle réservait à l'héritier ne put pas être entamée. (L. 78, *de hered. inst.*, Dig.).

Plus tard, une faveur spéciale autorisa le père de famille à partager ses biens entre ses descendants, soit par le testament privilégié qu'on appelait *inter liberos*, soit *ab intestat* par un simple acte de distribution. « Si un père, dit Ulpien (L. 20, § 3, *fam. erc.*, Dig.), a, sans écrit, divisé ses biens entre ses enfants, et réparti entre eux la charge des dettes dans la mesure de ce que chacun recueillait d'actif, il y a là, selon Papinion, moins une donation ordinaire, qu'un partage par déclaration de dernière volonté. » Et l'empereur Dioclétien (L. 21, Code, *fam. erc.*) ajoute : « Si, dans la prévision de l'ouverture prochaine de sa succession, un père de famille, faisant lui-même l'office de l'arbitre qui, après sa mort, eût divisé son hérédité, déclare, de quelque façon que ce soit, sa volonté au sujet de ce partage, l'arbitre doit d'abord tenir compte à chaque héritier de la quarte à laquelle il a droit, à l'exemple de la quarte Falcidie. Puis, il divisera par portions viriles ce qui n'aura pas été ainsi assigné, en ayant soin de se conformer à la volonté du défunt. »

Ainsi, ni la qualité des héritiers, ni la nature exceptionnelle de l'acte ne viennent restreindre les pouvoirs du père de famille. Sa toute-puissance n'expire que là où commence la légitime de ses descendants. (L. 16, Code, *fam. erc.*).

Si le père de famille déclare de quelle façon il veut que les lots soient composés, et meurt ensuite sans testament, les enfants sont héritiers *ab intestat*. Le partage n'a été qu'un simple projet : il sera réalisé par l'office du juge. Lors de la délivrance des lots, les enfants retiendront leur légitime. Si, le partage étant fait par testament, leur légitime est incomplète, ils peuvent en demander le complément. Avant Justinien, ils auraient même pu faire tomber le testament comme inofficieux. Il eût entraîné dans sa chûte toutes les dispositions qu'il renfermait, et, par conséquent, le partage.

DE LA LÉSION DANS LES AUTRES CONTRATS.

La plupart des anciens commentateurs ont étendu la loi 2 à une foule d'autres contrats. C'est à tort. La loi 2 ne parle que de la vente. La généraliser, c'est oublier le rôle de l'interprète, et usurper le rôle du législateur. Nulle part, on ne voit mieux que dans Noodt combien la doctrine avait empiété sur l'œuvre de la loi. « Les empereurs, dit-il, n'étaient consultés qu'au sujet de la vente : ils ont répondu sur la vente. Sur les autres contrats de bonne foi, nul ne les consultait : il n'y avait pas lieu de répondre. Mais, il est évident que, consultés de même, ils auraient répondu de même.» (Noodt, L. 18, T. 5).

Il y a souvent de l'arbitraire dans les lois. Il y en aurait bien plus, s'il fallait observer, non-seulement celles que le législateur a faites, mais celles qu'il aurait pu faire. Tenons-nous en donc au texte de la loi 2. La règle n'est édictée que pour la vente : elle ne s'applique donc pas aux autres contrats.

Du reste, l'idée qui a présidé à l'œuvre du législateur, le jour où il plaçait la lésion au nombre des causes de rescision, ne se rencontre que dans la vente. Dans la vente seule, l'une des parties a pu céder à une nécessité impérieuse. Il y a des circonstances, où il faut, à tout prix, se procurer une somme d'argent. Si le vendeur, dans un moment de vertige, aban-donne pour un prix dérisoire ce qu'il a de plus précieux, la lésion a son excuse. Mais, cette excuse n'existe ni dans l'é-change, qui n'a pour mobile que la fantaisie ou la convenance, ni dans le louage, qui ne procure en général au bailleur qu'un paiement tardif et fractionné. Seule, la dation en paiement peut, comme la vente, avoir ses exigences. Un débiteur sans ressources, poursuivi par un créancier impitoyable, paie une dette modique avec un bien d'une grande valeur : la détresse a forcé son consentement. Les textes, plus d'une fois, ont assi-milé à la vente la dation en payement. (L. 4, Code, de evict.). Au cas qui nous occupe, il y a identité de motifs : il doit encore y avoir identité de solutions. La loi 2, de resc. vend., s'ap-plique donc à la dation en paiement.

Il est d'autres contrats où la lésion joue un rôle. Mais, régis par des textes spéciaux, ils ne tombent pas sous le coup de la loi 2. Je veux parler de l'estimation de dot et du partage d'une société.

Estimation de dot.

Si, dans l'estimation de la chose donnée en dot, l'un des époux, le mari ou la femme, a été lésé, la loi vient à son secours. Peu importe qu'il soit majeur ou mineur. Quand la femme a apporté une dot, la formule même autorise le juge à déterminer, d'après la plus stricte équité, ce que le mari aura à restituer. Il rendra plus que l'estim   .n, si l'estimation est trop faible ; il rendra moins, si elle est trop élevée.

À l'égard de la femme, la loi 12, § 1er *(de jure dotium, Dig.)* renferme une application du même principe. Ce texte est d'autant plus remarquable, qu'il offre déjà au mari l'alterna-tive, que Dioclétien plus tard devait offrir à l'acheteur. Il peut ou rendre la chose, ou fournir le supplément du juste prix : « Si une femme se prétend lésée, parce qu'on a estimé trop bas l'esclave qu'elle a apporté en dot, que décider ? Si la lésion consiste pour elle à avoir donné l'esclave, et non à l'avoir estimé trop peu, elle agira pour se le faire rendre. Si elle n'a été lésée que dans le tarif de l'estimation, le mari aura le choix de fournir la juste valeur, ou de rendre l'esclave. Il en sera ainsi si l'esclave est vivant. S'il est mort, Marcellus pense que le mari doit encore l'estimation; mais, ce ne sera plus l'estimation véritable : ce sera celle qui a été faite. La femme, en effet, doit s'estimer bien heureuse de cette estimation à vil prix. Si l'esclave avait été livré sans estimation, la perte tout entière eût été à sa charge, non à celle du mari. Une décision de tout point conforme est donnée par Marcellus si la femme lésée est mineure. »

Noodt pense que cette loi prévoit une lésion d'outre-moitié. Il croit que la loi 2, *de resc. vend.*, est applicable ici, en vertu du principe qu'estimation vaut vente. Cujas pensait autre-ment : c'était avec raison. Il ne faut pas abuser de cette assi-milation. Estimation vaut vente à certains points de vue : à d'autres points de vue, il en est autrement. Le même adage existe chez nous; mais, on se garde de le pousser à ses extrêmes conséquences. D'excellents esprits refusent à la femme dotale, qui a constitué une dot immobilière avec estimation, le privilège du vendeur : presque tout le monde lui refuse la rescision pour lésion. A Rome, où en théorie le même adage existait, il est probable qu'à l'application on trouvait aussi des réserves. Cette fiction, vraie dans certains cas, répugnait à prendre une valeur absolue. Imaginée pour expliquer une ressemblance entre l'estimation et la vente, la faire servir à nier toute différence entre les deux contrats était en abuser.

La formule de l'*actio rei uxoriæ*, qui ordonnait au juge, non-seulement de prononcer d'après la bonne foi, mais d'apporter dans l'examen de la cause la plus exacte équité, s'explique mal dans le système de Noodt. A quoi bon faire état d'une équité si scrupuleuse, si, comme dans la vente, une lésion de moitié échappe au pouvoir du juge? Rappelons-nous combien les jurisconsultes étaient préoccupés de l'idée, que les mariages devaient être désintéressés. C'est dans cette pensée que la coutume avait interdit les donations entre époux : les ancêtres avaient craint que l'époux le plus faible n'achetât, par des donations à son époux, le maintien du mariage. C'était une de ces faibles digues, que le législateur opposait au torrent croissant des passions romaines, et qui ne réussirent qu'à montrer son impuissance. On avait préféré le divorce lui-même, à un mariage dont le maintien ne serait pas pur de tout intérêt. Cela doit nous instruire sur l'esprit du législateur romain. Quand il exigeait d'une part un tel désintéressement, quand d'autre part il armait le juge d'une formule qui faisait de lui un censeur si redoutable, est-il croyable qu'il eût souffert que l'un des époux lésât l'autre impunément, tant que la lésion ne serait pas d'outre-moitié?

Aussi, Cujas dit-il avec raison que, si l'estimation de dot équivaut à la vente, elle en diffère en ce point. Dans la vente, on ne restitue que la lésion d'outre-moitié : dans l'estimation de dot, on restitue la lésion de moins de moitié. Ulpien, dans la loi 12, § 1er, *de jure dotium*, n'exige pas que la lésion prenne de telles proportions. Pomponius (L. 6, § 2, *de jure dotium*, Dig.) ne l'exige pas davantage. « Si l'un ou l'autre des époux est lésé dans l'estimation de la dot qu'il apporte, fût-il majeur de vingt-cinq ans, il faut le secourir : parce qu'il est contraire au bien et à l'équité que l'un des époux s'enrichisse aux dépens de l'autre, ou s'appauvrisse à son bénéfice. »

Il est vrai que, ni du temps d'Ulpien, ni du temps de Pomponius, la loi n'établissait encore la mesure, que Dioclétien devait fixer plus tard, à la lésion dans la vente. C'est Dioclétien qui, en innovant pour la vente, aurait innové du même coup pour la constitution de dot. Mais, je ne crois pas qu'il l'ait fait. Il dit dans la loi 6, au Code, *soluto matr.* : « Si votre mère a été lésée par l'estimation faite à trop bas prix de sa dot, ce qui est établi dans la lésion sur les contrats de ce genre, est connu de tous. » Ne renvoie-t-il pas par là aux lois des jurisconsultes, relatives précisément à l'estimation de dot, plutôt qu'à l'innovation qu'il avait faite dans la matière tout autre de la vente?

Ajoutons un dernier argument. Ulpien, dans la loi 12, § 1er, dit que Marcellus décide, si la femme est mineure, la même chose que si elle est majeure. Lui-même partage le sentiment de Marcellus. Or, on sait que le mineur est restituable contre toute lésion : n'est-ce pas dire que, dans l'estimation de dot, l'époux lésé sera restituable aussi, même si la lésion n'atteint pas la moitié?

§ II

Partage d'une société.

Les associés peuvent convenir de parts inégales. Dès que, par le contrat, nul n'est exclu de toute part aux bénéfices, le contrat est inattaquable. (Inst., § 1er, *de societate; L.* 20 *in fine,* Dig., *pro socio*). Mais si, pour le règlement des parts, les intéressés s'en sont remis à l'arbitrage d'un tiers, et que cet arbitrage soit évidemment inique, l'associé lésé peut porter plainte. Même si ses coassociés n'ont pas agi frauduleusement, il obtiendra réparation du dommage. Cette disposition n'est pas applicable au cas où les arbitres statuent en vertu d'un compromis. Dans ce cas, leur décision, équitable ou inique, doit être respectée. (L. 76, 78, 79, *pro socio,* Dig.).

Je n'ajouterai rien sur les autres contrats. Des auteurs sont allés jusqu'à dire que la transaction même était sous l'empire de la loi 2. On ne peut sérieusement le soutenir. Quant au commodat, au dépôt et autres contrats qui ne se rapprochaient de la vente par aucune analogie, il ne passa jamais par la tête d'un commentateur de leur appliquer notre loi. La nature même des choses y répugnait, et, si l'on peut donner plus ou moins de portée aux textes, si l'on peut en étendre les termes à des cas qu'ils ne semblaient pas prévoir, le sens commun et la raison n'ont pas, du moins, la même élasticité.

ERRATUM. (Page 10).

Thomasius ne va pas jusqu'à dire que le commencement de la loi 2 (*de resc. vend.*) n'est pas de Dioclétien. Il ne nie que l'authenticité de la dernière partie de cette loi. Quant à la première partie, elle fut, selon lui, arrachée comme par surprise à l'Empereur, et rétractée, à la première occasion, par une décision contraire. Je suis donc allé trop loin en affirmant que Thomasius voyait, dans la loi 2, une loi complétement apocryphe. Il dit seulement que Tribonien l'a tirée du code Grégorien ou du code Hermogénien, qui sont des sources suspectes.

DROIT COUTUMIER

NOTIONS PRÉLIMINAIRES

Je ne dirai que peu de mots de la lésion dans notre ancienne jurisprudence. Un capitulaire de Charlemagne déclare qu'elle ne sera pas, dans la vente, une cause de rescision. Le texte de ce document paraît emprunté au code Théodosien. Ce n'est pas que les Francs, à mon sens, eussent ignoré les compilations de Justinien. Justinien les fit publier en Italie après la conquête de Narsès : quand les Francs réunirent l'Italie à leur empire, ils durent les y trouver. Les textes du temps d'ailleurs parlent de la *lex Justinianea*, et M. de Savigny, citant une disposition de la loi des Bavarois qui proscrit la rescision de la vente pour cause de lésion, dit que « cette loi semble faire allusion aux principes du droit Romain sur la rescision, tout en abrogeant ces principes. » (Hist. du D. Rom., T. 2, page 50.)

Quelques siècles plus tard, le droit canon modifiait la règle écrite dans les Capitulaires. Deux textes du *Corpus juris canonici*, dans la collection Grégorienne, reproduisent à peu près les lois 2 et 8, *de resc. vend.*, au code de Justinien. Le premier est du pape Alexandre III (1150 à 1181) : le second est d'Innocent III (1198 à 1216). Les coutumes adoptèrent plus tard ces dispositions. Mais, d'accord sur le principe, par le détail elles diffèrent entre elles.

La lésion ne donnait pas d'action en nullité : c'était une action en rescision. Aujourd'hui synonymes, les deux termes autrefois ne l'étaient guère. Ils avaient trait à des actions distinctes au triple point de vue de la cause, de la procédure et du délai de prescription.

1° Si l'acte était annulé par un texte précis soit de la coutume, soit d'une ordonnance royale, il y avait nullité. S'il violait les principes généraux du droit Romain ou de l'équité naturelle, il y avait rescision. Pour erreur, dol, violence ou lésion, on n'annulait pas le contrat : on le rescindait. Il est un cas où la différence est saisissante. Quand le mineur est restitué *tanquam læsus*, parce qu'ayant fait seul un acte que son tuteur pouvait faire seul, il y a été lésé, l'action est en rescision. Quand le mineur est restitué *tanquam minor*, parce qu'il a fait lui-même un acte que son tuteur ne pouvait faire qu'avec certaines formalités, l'acte est nul pour vice de formes : l'action est en nullité.

2° Dans l'action en nullité, on saisissait directement le juge. Dans l'action en rescision, il fallait, avant de le saisir, obtenir des *lettres royaux*. Ces lettres, d'abord gratuites, furent plus tard fort coûteuses. Adressées au juge royal, elles lui enjoignaient de rescinder s'il y avait lieu. C'était un moyen de soustraire des causes à la justice seigneuriale, au profit de la justice du roi.

3° L'action en nullité se prescrivait par 30 ans. L'action en rescision ne durait que 10 ans. (Art. 46, ord. de 1510.)

DE LA LÉSION DANS LA VENTE

La lésion n'était une cause de rescision que dans les ventes d'immeubles. (Orléans, art. 446.) Des auteurs tentèrent de leur assimiler les ventes de meubles précieux ; mais, leur opi-

nion ne prévalut pas. « Le contraire, dit Brodeau, se prati-
quait notoirement. » La coutume de Bretagne, seule, consa-
cra, en l'exagérant, cette doctrine. Elle soumit à la rescision
la vente de tout meuble valant plus de 100 livres. (Art. 295.)

On ne rescindait ni les ventes aléatoires, où le juste prix est
impossible à déterminer, ni la vente d'un office, dont la valeur
est incertaine et sujette, dit Loyseau, à changement continuel,
ni les ventes par décret : l'adjudication aux enchères, disait-
on, porte le bien à sa juste valeur. Toutefois, cette jurisprudence ne passa pas sans critiques. Vaslin dans les ventes d'offices, Dumoulin dans les ventes par décret, la combattirent
inutilement. Pour remplacer, dans les ventes par décret, la
rescision pour lésion, le Parlement de Toulouse imagina le
rabattement de décret. En rendant l'adjudicataire indemne,
le débiteur exproprié pouvait, pendant 10 ans, reprendre son
immeuble. (Décl. 16 janv. 1736.)

Le vendeur, ses héritiers, ses créanciers même chirogra-
phaires, pouvaient attaquer la vente. L'acheteur devait-il avoir
le même droit? Dumoulin et Pothier enseignaient l'affirmative : Maynard et Denizart soutenaient la négative. Dans le silence des textes, la jurisprudence fut toujours divisée. Seule,
la coutume de Bretagne accorda expressément le droit aux
deux parties.

L'action s'exerçait soit contre le premier acheteur, soit contre ses ayant-droit. Elle durait 30 ans en Anjou (art. 432),
10 ans dans les autres coutumes. Le délai ne courait pas contre les mineurs. Devait-on le suspendre pendant le temps stipulé pour l'exercice d'un réméré? La jurisprudence sur ce
point ne fut jamais uniforme.

Si le vendeur avait su, en vendant, le prix de sa chose, s'il
avait dans le contrat, renoncé au bénéfice de la rescision, l'action n'était pas moins recevable. Il était présumé avoir cédé
au besoin. (Pothier, vente, nos 352 à 354.) S'il avait déclaré
donner la plus-value, la clause était nulle. « C'est, disait Maynard (Not. quest., liv. 3, ch. 59), un parergue frauduleux et

fort mal à propos contre la nature de l'acte et intention des parties. Il est ici question de vendre, non de donner. »

Avant de saisir le juge, le demandeur devait se munir de lettres royaux de rescision : « C'est, dit Guy-Coquille, que les remèdes de restitutions dépendent du droit civil des Romains, qui n'a force de loi en France ; et, pour autoriser et faire valoir l'allégation qui s'en fait, on a recours à la chancellerie du roi. » En indiquant ces motifs, Guy-Coquille les déclare peu plausibles : la rescision en effet, consacrée par le texte des coutumes, avait reçu droit de cité en France. D'ailleurs, ces lettres royaux se délivraient sans examen de la cause : ce n'était donc, disait-il, qu'une affaire d'argent. Guy-Coquille les attaquait comme mesure fiscale : c'est comme mesure fiscale qu'on les maintint.

Les lettres obtenues, le juge avait à les entériner. Il examinait la cause. Le vendeur devait prouver une lésion d'outre-moitié. La juste valeur de l'héritage au jour du contrat, était établie par des experts, nommés soit par les parties, soit par les magistrats. Par le rescindant, le juge brisait la convention. Par le rescisoire, le vendeur, délié du contrat, revendiquait l'immeuble. L'acheteur poursuivi pouvait, à son gré, ou garder la chose en complétant le juste prix avec les intérêts du jour du jugement, ou la rendre libre de charges en reprenant le prix par lui payé. Dans ce dernier cas, il gardait les fruits perçus jusqu'au jour de la demande, et répétait les impenses qu'il avait faites, quitte à répondre, en retour, des dégradations commises de mauvaise foi.

La loi du 7 septembre 1790 (art. 20 et 21) abrogea les lettres de rescision.

DE LA LÉSION DANS LES PARTAGES.

—

§ Ier.

Lésion dans le partage d'une hérédité.

D'après les lois romaines sainement interprétées, la lésion, dans le partage comme dans la vente, devait être d'outre-moitié. Ce chiffre, conservé dans le second de ces contrats, fut oublié dans le premier. On n'exigea d'abord qu'une lésion notable, plus tard qu'une lésion du tiers au quart. Pour apprécier le préjudice, on se plaçait au jour de l'acte.

En accordant la rescision, Lebrun ne s'attache pas aux formes du partage. Qu'il soit fait par le ministère du juge ou par l'accord des parties, dès qu'il sort du cadre régulier d'un partage équitable, la même lésion produit le même effet : « car, comme elle est, dit-il, contre la nature du contrat, qui est un contrat de bonne foi, l'on ne doit pas considérer quelles formalités l'on a suivies. » Par la même raison, il restituait contre l'inégalité d'un lot attribué par le sort. Mais, sa doctrine, adoptée par Pothier, est combattue par Guy-Coquille : « le sort, dit celui-ci, ôte toute suspicion de grâce, faveur ou male-façon.»

Pour faire fraude à la loi, les héritiers imaginèrent d'autres moyens. Ils donnèrent au partage un autre nom et une autre forme. Ils le qualifiaient soit de transaction : c'était rendre la rescision impossible; soit de vente : c'était en augmenter la difficulté. La jurisprudence déjoua ces artifices. Elle cassa pour lésion du tiers au quart les transactions qui dissimulaient un partage. Quant à la vente de droits successifs, il faut distinguer. Faite à un étranger, elle constitue une vente aléatoire : elle est inaccessible à l'action en rescision. Faite à l'un des héritiers, elle tient lieu de partage. Mais si, le partage accompli, il intervient entre les héritiers une vente ou une transaction, il n'en est plus de même. Ceux qui figurent à ce nouveau contrat ne peuvent ni réclamer, ni être inquiétés, soit qu'il leur occasionne une lésion, soit qu'il leur constitue un avantage. Leur acte n'est plus un partage, dès que leur état n'est plus l'indivision.

Ce que j'ai dit en parlant de la vente, soit sur la renonciation au bénéfice de la restitution, soit sur le délai de la prescription, soit sur les lettres royaux, soit sur la procédure à suivre, soit sur la preuve à faire, s'applique au partage. Les cohéritiers peuvent éviter le rétablissement de l'indivision. Ils n'ont qu'à offrir soit pendant l'instance, soit après le jugement, à l'héritier lésé de compléter sa part légitime. Toutefois, si la lésion est énorme, c'est-à-dire d'outre-moitié, certains auteurs leur refusent ce droit. Le supplément doit consister, non en deniers, mais en corps héréditaires : car, disait Guy-Coquille, « il est de l'essence du partage qu'il y ait quelque analogie des portions. »

Ces règles sont tracées pour le partage des successions. Mais, s'il s'agit d'une société ou d'une communauté, elles s'appliquent également.

---

§ II.

Lésion dans les partages d'ascendants.

Les lois romaines d'abord, les Capitulaires de Charlemagne ensuite, enfin les coutumes autorisèrent le père de famille à faire lui-même entre ses descendants le partage de ses biens. Mais, au point de vue qui nous occupe, les coutumes offraient des divergences.

Il faut d'abord les distinguer en deux classes. Les unes permettaient au père d'avantager ses enfants : les autres lui refusaient ce droit. Dans les premières, l'héritier lésé ne peut faire rescinder le partage. Sa légitime est-elle intacte ? Même lésé de plus du quart, il ne peut se plaindre. Est-elle entamée ?

il ne peut que la faire compléter. Toutefois, s'il est certain qu'un partage égal était l'intention du disposant, que la lésion qu'il engendre résulte, non d'un dessein arrêté, mais d'une erreur involontaire, l'équilibre sera rétabli. C'est ce qui avait lieu dans le Bourbonnais (art. 216), en Bourgogne (Ch. 7, art. 7), dans le Nivernais.

Dans les autres coutumes (Paris, art. 303), les lots devaient être équivalents. Toutefois, disait Lebrun (L. 4, ch. 1er, n° 11), « si l'on reconnaît que l'intention du père a été de faire un partage à peu près égal, la raison d'une légère inégalité n'empêchera pas que cet acte, pourvu que la volonté du père soit une fois certaine, n'ait son plein et entier effet. » Qui décidera si l'inégalité est ou trop légère ou assez grave pour encourir la rescision? Ce point était laissé à la prudence du juge. La coutume de Bretagne exigeait seule que la lésion dépassât le sixième de la légitime. (Art. 266.)

Pourquoi n'avait-on pas, pour prévenir l'arbitraire, étendu au partage d'ascendants la règle des partages entre cohéritiers? Pourquoi ne pas refuser, dans un cas comme dans l'autre, l'action rescisoire à toute lésion de moins du quart? Il y avait deux raisons. C'est d'abord que la coutume, qui voulait l'égalité, ne pouvait donner au père un moyen indirect de la rompre. C'est ensuite que les partages d'ascendants diffèrent des partages ordinaires : « Les premiers sont forcés, disait Godefroid (Normandie, art. 353), les autres sont volontaires. » Ceux-ci sont des actes libres où la partie lésée pouvait veiller à ses droits : ceux-là lui imposent un préjudice que sa vigilance ne pouvait éviter.

Les biens du père de famille peuvent être situés dans le ressort de différentes coutumes. Si l'une autorise, si l'autre prohibe les avantages, laquelle des deux fera loi? La coutume d'Acs (T. 3, art. 1) nous donne la solution : « Les biens, dit-elle, doivent être divisés selon leur qualité et la coutume des lieux où ils sont assis.» Le statut est réel. L'ascendant donc, devra sur certains biens observer l'égalité, pourra sur certains

autres la méconnaître. Tout dépend de la coutume où le bien
est situé.

Les enfants n'ont plus le droit d'attaquer le partage, s'ils
l'ont ou signé ou commencé d'exécuter. Mais, il fallait que le
consentement fût libre et spontané. Aucune acceptation, soit
expresse, soit tacite, ne dépouillait l'aîné de ses prérogatives.
Le droit d'aînesse était d'ordre public.

DE LA LÉSION DANS LES AUTRES CONTRATS.

L'ancienne jurisprudence n'avait pas, comme le Code, énu-
muré limitativement les contrats que la lésion pouvait vicier.
Comme les coutumes étaient muettes, la doctrine était incertaine. Elle admettait en général la rescision dans l'échange,
comme dans la vente, pour lésion d'outre-moitié. Certaines
coutumes l'admirent dans les baux à ferme, pourvu que leur
durée dépassât dans le Bourbonnais trois ans, dans la Marche
neuf ans. Les transactions seraient-elles rescindables? On dis-
cutait la question, quand l'ord. de 1560 vint la trancher dans
le sens de la négative. Quant à la licitation, elle était toujours
sujette à rescision pour lésion d'outre-moitié si l'adjudicataire
était un étranger, pour lésion du tiers au quart si c'était l'un
des communistes.

LÉGISLATION INTERMÉDIAIRE

« L'esprit humain, disait Luther, ressemble à un paysan ivre qui est à cheval. Quand on le relève d'un côté, il tombe de l'autre. » Frappé de l'injustice de la lésion, le législateur romain en avait fait une cause de rescision de la vente. Frappé des inconvénients de la rescision, le législateur de la Révolution enleva ce remède au vendeur lésé. Sur la proposition de Lanjuinais, la loi du 14 fructidor an III (31 août 1795) abolit la rescision de la vente pour cause de lésion.

En édictant cette loi, le législateur avait cédé moins à des considérations générales de respect des conventions, qu'à des nécessités actuelles et majeures. Jamais mesure n'avait été plus urgente. La dépréciation toujours croissante du papier-monnaie avait jeté le trouble dans les affaires. Il était impossible, dans cette effrayante mobilité des choses et des valeurs, d'établir aucune proportion entre le prix convenu et le prix réel. L'action rescisoire était incompatible avec les circonstances. On la supprima pour l'avenir : pour le passé, on la suspendit. Toutes les instances relatives aux ventes antérieures durent provisoirement s'arrêter.

Cet état de choses ne fut pas long. Moins de deux ans après, la crise était passée, les assignats n'avaient plus cours forcé, la sécurité renaissait dans les transactions. Le décret du 3 germinal an V (23 mars 1797) rétablit d'urgence, pour les ventes antérieures à la loi de fructidor, l'exercice suspendu des actions rescisoires. Ce décret n'était pas, comme semble le penser M. Troplong, un retour pur et simple aux errements de l'ancienne jurisprudence : il ne s'appliquait qu'aux ventes antérieures à la loi de l'an III. Pour les ventes postérieures, cette loi restait en pleine vigueur. On avait, en l'an V, non rétabli, mais proposé simplement de rétablir l'action rescisoire; mais « il y eut, dit M. Portalis, quelque diversité d'avis. On renvoya à statuer sur cet objet lorsqu'on s'occuperait de la rédaction d'un code civil. »

La loi du 19 floréal an VI détermina la marche à suivre pour constater la lésion d'outre-moitié, dans les ventes faites entre le 1er juillet 1791 et la loi de fructidor, et dont le prix avait été payé en assignats. Ceux qui, dans cet intervalle, avaient acquis des biens nationaux, s'émurent : presque tous les avaient achetés à vil prix. Pour les rassurer, une loi du 2 prairial an VII (art. 3) déclara que « les ventes de biens originairement nationaux ne pourraient être attaquées en rescision pour cause de lésion, en quelque valeur que le prix en ait été stipulé. »

Aucun texte ne parle du partage. Il restait donc sous l'empire des anciens principes. Le législateur avait resserré, dans des limites étroites, la faculté de disposer par testament. S'il eût refusé au cohéritier lésé le droit d'attaquer le partage, il eût été inconséquent.

Les partages d'ascendants n'avaient jamais été expressément abrogés. Mais leur existence ne paraît guère conciliable avec les dispositions nouvelles de la loi du 17 nivôse an II. Peut-être étaient-ils permis, quand ils ne blessaient en rien l'équité.

CODE NAPOLÉON

DE LA RESCISION POUR LÉSION DANS LA VENTE

NOTIONS PRÉIMLINAIRES

DISCUSSION DU PROJET DE LOI

La lésion de plus du quart fut, sans difficulté, admise au nombre des causes de rescision du partage. En cette matière, la Révolution n'avait porté aucune atteinte aux anciens principes : on les respecta. Mais, quand il fut question de la vente, deux systèmes se trouvèrent en face : l'un, fort d'une longue pratique et des traditions du droit Romain, l'au' ', fils de la Révolution et appuyé sur la loi de fructidor, qui était encore appliquée. La lutte était inévitable.

Peu de matières, au Conseil d'État, furent élucidées par un débat plus complet et plus brillant. Chacun y fit preuve de science et de talent : M. Troplong l'appelle un chef-d'œuvre de logique, d'érudition et de profondeur. La commission du projet, qui voulait revenir au système de l'ancienne jurisprudence en le modifiant sur quelques points de détail, avait rédigé en ce sens l'art. 1305 : « A l'égard des majeurs, la lésion ne donne lieu à rescision que dans les ventes d'immeubles et dans les partages. » L'article fut vivement critiqué par M. Berlier : on réserva la question. Elle se présentait de nouveau au titre de la vente : deux séances furent consacrées à son examen :

4

M. Berlier, qui s'était fait le champion de la loi du 14 fructidor, combattit énergiquement le rétablissement de l'action rescisoire. Soutenu par MM. Regnault-de-Saint-Jean-d'Angely, Réal, Defermon, Bérenger, il eut pour adversaires MM. Portalis, Cambacérès, Tronchet, Muraire, et surtout le Premier Consul. « De part et d'autre, dit M. Troplong, les plus hautes considérations, les aperçus les plus ingénieux, furent développés avec une éloquence grave et forte. » Le terrain fut disputé pied à pied. A la fin de la première séance, la victoire était encore indécise : elle resta aux défenseurs du projet. Leur opinion, du reste, semblait celle de la France entière : de tous les tribunaux de la République, un seul, celui de Rouen, s'était prononcé pour le maintien de la loi de l'an III.

Obligés d'admettre le principe, les adversaires de la rescision attaquèrent avec force les points de détail. N'ayant pu empêcher le triomphe, ils voulaient en amoindrir les résultats. Pour que la rescision fût possible, M. Bérenger demanda que la lésion fût au moins des 2/3. M. Berlier voulait, entre la valeur de l'immeuble et le prix convenu, une telle disproportion qu'il en résultât une présomption légale d'erreur. Cette présomption devait avoir lieu seulement : 1° au profit du vendeur, lorsque l'immeuble avait été vendu le tiers de sa valeur ; 2° au profit de l'acheteur, lorsque le prix de l'immeuble était égal à trois fois sa valeur, ou au-dessus. La présomption légale d'erreur ne pouvait résulter que d'actes ayant date certaine, et donnant des notions suffisantes sur les revenus de l'immeuble au temps de la vente. Il fallait que, par la comparaison de ces revenus avec le prix de vente, les tribunaux pussent, sans examen, sans expertise, reconnaître l'existence de l'erreur.

Ces systèmes ne prévalurent pas. Mais, le projet dut faire des concessions à une opposition si redoutable. En triomphant sur l'idée fondamentale, il dut incliner souvent dans les mesures secondaires, pour en mitiger la rigueur et donner d'apparentes satisfactions aux nombreuses répugnances qu'il

rencontrait. Aussi, trouverons-nous, à côté de la règle principale favorable au vendeur, bien des mesures accessoires favorables à l'acheteur. L'action rescisoire ouverte par le code
est une transaction, entre l'ancienne jurisprudence qui fournit
le principe, et la législation intermédiaire, dont l'esprit inspira
les détails.

SECTION 2

JUSTIFICATION DE LA RESCISION POUR LÉSION.

(Une grande partie de cette section a été puisée, *passim*, dans les
Exposés des motifs de la loi.)

Je comprends qu'une législation comme celle de la Révolution, qui voulait laisser une large part à l'initiative indivi-
duelle, ait voulu en retour laisser à chacun la responsabilité
de ses actes, et refuser à la partie lésée tout recours contre un
contrat qu'elle avait consenti. Si ce système avait ses inconvénients, il avait, comme l'autre, ses avantages; et si, entre
les deux, l'esprit hésite, il ne faut pas s'en étonner. Les choses
humaines sont si complexes, qu'on ne peut guère y rencon-
trer des avantages qui ne soient mêlés d'inconvénients. Mais,
il faut additionner la somme de bien et la somme de mal, et
voir de quel côté penchera la balance.

Les adversaires de l'action rescisoire l'attaquaient jusque
dans sa source. Lorsque le consentement n'a été ni arraché
par la force, ni égaré par l'erreur, ni surpris par le dol,
quelle condition manque à sa validité? Celui qui a consenti,
s'il éprouve une lésion, doit l'imputer à lui seul. S'il s'est
trompé sur la valeur de sa chose, ou s'il n'a pas assez réfléchi,
faut-il faire porter à l'autre partie les conséquences de son

erreur ou de son imprudence? Elle en profite sans doute . mais, elle n'en est pas coupable. Qui voudra contracter à titre onéreux, si la bonne foi elle-même ne met pas la convention à l'abri de toute attaque, et si l'avantage qu'on se propose d'en retirer doit être précisément la cause de sa nullité?

Il n'en est pas de la vente comme du partage. Dans le partage, où chacun doit retirer exactement ce qui lui appartient, il est juste que la loi vienne au secours de l'héritier lésé. Dans la vente, les parties se livrent volontairement à de libres spéculations, que déterminent ou leurs besoins ou les convenances du moment. Si l'action rescisoire est admise, qu'arrivera-t-il? Souvent, la loi viendra au secours d'un vendeur qui, après s'être ménagé par son contrat un secours d'argent auquel il sera redevable du rétablissement de ses affaires, ne craindra pas de revenir ensuite contre son propre fait, et de se jouer de la foi de ses engagements. Les majeurs sont les arbitres de leur fortune : s'ils se trompent, qu'importe? ils doivent savoir ce qu'ils font. Le vendeur connaît mieux que l'acheteur la nature et la valeur de ce qu'il vend. Souvent même, l'acheteur court plus de risques que lui. Nos anciens disaient : « il y a plus de fous acheteurs que de fous vendeurs. » En protégeant le vendeur, la loi fait donc un contre-sens : qu'elle le laisse sur le même pied que l'acheteur.

Le principe de l'action en rescision est donc mauvais. Mais, fût-il bon en théorie, il ne pourrait, sans entraîner des abus et des dangers de toute espèce, être réalisé dans la pratique. C'est produire des procès sans prévenir les injustices, et jeter sans cause dans les propriétés une incertitude toujours fatale. Qu'y aura-t-il de fixe dans le commerce de la vie, si des biens, légitimement acquis, sont incertains pendant plusieurs années entre les mains des acquéreurs? On nuit par-là et à la culture et à la circulation des biens. L'économie politique nous enseigne que de tels acheteurs négligeront la culture, et se refuseront à faire des améliorations, dont ils craindront de perdre le bénéfice. Est-il rien de plus funeste à la richesse sociale, que cette espèce d'inaction où se tient un nouveau propriétaire, qui n'ose rien entreprendre dans la crainte d'être évincé? Et quelle entrave au crédit public ! Quelle atteinte aux droits des tiers ! Tous ceux qui leur auront été consentis vont tomber du même coup ; et voilà plusieurs personnes que ne défendent ni leur bonne foi, ni leur innocence de cette demi-fraude qu'on peut reprocher à l'acheteur, ni la règle qui veut que nul ne souffre d'un contrat auquel il n'a pas joué de rôle ! Quand une vente est ainsi rescindée, ce n'est pas un accident qui se renferme dans le cercle des deux parties. C'est une catastrophe, dont le contre-coup va frapper au loin des tiers, bien plus dignes de faveur qu'un vendeur étourdi ou capricieux. Les principes du droit, l'intérêt public et l'utilité privée, la religion des contrats et la sûreté des patrimoines, tout concourt donc à repousser la rescision de la vente pour lésion. Ce n'est pas aux parties à compter sur la protection exagérée de la loi : c'est à la loi à se fier à la vigilance intéressée des parties.

Ces raisons, on le conçoit, étaient fortes. Mais, le système contraire faisait valoir des considérations au moins aussi puissantes et infiniment plus hautes. A ceux qui alléguaient la religion des contrats, M. Portalis répondait, avec une élévation d'idées qui rappelle un des plus beaux morceaux de l'*Antigone* de Sophocle : « A Dieu ne plaise que nous veuillions affaiblir le respect qui est dû à la foi des contrats! Mais, il est des règles de justice qui sont antérieures aux contrats mêmes, et desquelles les contrats tirent leur principale force. Les idées du juste et de l'injuste ne sont pas l'unique résultat des conventions humaines : elles ont précédé ces conventions, et elles en doivent diriger les pactes. » Or, n'est-il pas contraire à ces règles immuables de l'équité naturelle, n'est-il pas incompatible avec les principes de ce droit, antérieur et supérieur au droit, qu'un acheteur puisse impunément abuser de la détresse de son vendeur, et, pour un prix dérisoire, lui arracher, avec le champ qu'il cultive, le souvenir de ses pères et l'espérance de ses enfants?

Je sais que le vendeur qui se dit lésé ne pourra pas toujours trouver, dans une nécessité si impérieuse, une excuse si légitime. Souvent, il ne pourra alléguer que l'erreur, ou l'aveuglement de la passion. Mais, la présomption est en sa faveur. « Lorsqu'un objet a été vendu à vil prix, *il est impossible*, disait M. Faure, de croire que le consentement du vendeur n'a pas été nécessité par un état de détresse, qui ne lui permettait ni de chercher ni d'attendre. Quel homme, à moins qu'il ne soit privé de l'usage de la raison, voudra se dépouiller de sa propriété, en recevant une valeur presque nulle, en comparaison de ce que cette propriété vaut réellement? Il faut qu'un besoin pressant le force à prendre pour acheteur le premier qui se présente, et celui-ci ne peut douter de la situation du vendeur, quand il le voit prêt à vendre à quelque prix que ce soit. Ainsi, l'humanité réclame pour le vendeur, et la défaveur qui s'élève contre l'acheteur donne encore plus de force à la voix de l'humanité. »

La lésion aussi est un dol, *dolus re ipsa*. Ce dol seulement n'est pas assez caractérisé pour tomber, comme dol, sous le coup de la loi. Cette idée est si bien celle de la loi, que le législateur (art. 480, C. Proc.) parle du dol *personnel*, comme s'il voulait l'opposer à un autre dol, résultat non plus des manœuvres d'une partie, mais de la valeur même de la chose. C'est le dol réel : c'est la lésion. Or, s'il en est ainsi, la lésion n'est-elle pas en soi illicite et odieuse? Si les cas où elle atteint de grandes proportions sont dominés par une présomption de misère, la lésion n'est-elle pas une injustice inconciliable avec les principes d'équité, qui doivent être l'âme de tous les contrats?

Cette présomption ne s'appliquant qu'au vendeur, la loi n'accorde qu'au vendeur la rescision pour lésion. On objecte ce vieil adage qu'il y a plus de fols acheteurs que de fols vendeurs; mais, 'l n'avait pas trait à la matière qui nous occupe.

Il avait trait seulement aux risques que l'acheteur pouvait courir à cause des hypothèques, alors occultes, dont l'héritage pouvait être grevé. Mais, il y a un principe bien plus large, et qui domine notre législation de plus haut : c'est qu'aujourd'hui tous les contrats sont de bonne foi. Il est vrai que le législateur Français, qui avait formulé ce principe, n'en a pas tiré un grand parti. L'innovation est dans les mots, plutôt que dans les choses. Ne nous en plaignons pas. Nous avons le double avantage, de pouvoir mettre en tête de notre législation une maxime sonore et un hommage pompeux à l'équité, et d'avoir conservé à peu près ces règles anciennes des contrats de droit strict, qui sont les mieux appropriées à la nature des choses et les plus conformes à la saine justice. A Rome, quels étaient les traits distinctifs des contrats de droit strict? 1° La convention s'interprétait toujours en faveur du débiteur, et 2° les intérêts ne couraient pas de plein droit. Or, dans nos contrats, tous proclamés de bonne foi, ces deux règles des contrats de droit strict sont restées fondamentales. C'est fort sage : qu'y a-t-il en effet de plus conforme à la justice? Mais, il n'en est pas moins vrai que le législateur voulait faire un pas de plus que le droit Romain. Son vœu était que le droit moderne s'éloignât des principes, souvent égoïstes, du droit pur, pour puiser plus largement aux sources vivifiantes de la morale et de l'équité. C'étaient de nobles aspirations. Mais, s'il en est ainsi, s'il est vrai que le progrès des âges doive tendre à unifier de plus en plus ces deux cercles concèntriques, qu'on appelle le for extérieur et le for de la conscience, le progrès n'eût-il pas fait un pas en arrière, le jour où le contrat de vente, que Rome elle-même proclamait de bonne foi, se serait dépouillé, en France, d'une maxime dictée par l'humanité, le jour où le Code aurait toléré ce que Dioclétien réprouvait : un acheteur abusant de la gêne de son vendeur, pour obtenir à vil prix une propriété arrachée, pour ainsi dire, au malheur et au désespoir?

Peu importent les rares hypothèses où un vendeur, qui

n'aurait aucune ressource s'il ne vendait pas, trouve, dans le modique prix qu'on lui donne, un secours suffisant pour commencer ou rétablir sa fortune. Ce sont là des circonstances extraordinaires sur lesquelles on ne saurait fonder un plan de législation. Le plus souvent, le vendeur qui a été lésé était pressé par le besoin; et c'est cette circonstance, dont on peut aisément abuser, qui l'a forcé de vendre à vil prix.

On prétend que les majeurs doivent savoir ce qu'ils font, et qu'en conséquence, ils ne doivent pas pouvoir, sous prétexte de lésion, revenir contre la foi de leurs engagements. A entendre cette objection, on dirait que des majeurs qui se plaignent ne doivent jamais être écoutés. On est pourtant d'accord qu'on doit les écouter, même pour cause de lésion, quand ils se plaignent d'une inégalité dans un acte de partage. Dans tous les contrats, le dol, l'erreur, une crainte grave sont, par la disposition précise de nos lois, des moyens légitimes et suffisants pour faire restituer les majeurs. Or, la lésion, avec cette présomption inséparable, que le vendeur a cédé à la détresse, n'équivaut-elle pas au dol?

Au surplus, pourquoi le dol, l'erreur et la crainte, sont-ils des moyens de restitution pour les majeurs eux-mêmes? C'est, en premier lieu, parce qu'il n'y a pas véritable consentement de celui qui se trompe ou qui est trompé. Or, peut-on dire que celui qui est énormément lésé aurait adhéré au contrat s'il avait été dans une situation assez libre pour ne le pas faire? C'est, en second lieu, parce que le dol, l'erreur et la crainte aboutissent ordinairement à une lésion. Comment donc les lois pourraient-elles voir avec indifférence un citoyen lésé au delà de toutes les bornes, et d'une manière qui constate évidemment quelque fraude ou quelque erreur?

Les mêmes arguments nous serviront à réfuter une autre objection: chez les peuples où l'on admet la rescision pour lésion, les propriétés, dit-on, sont incertaines. A ce titre, il faudrait proscrire avec elle toutes les actions en nullité, toutes celles qui s'appuient sur l'erreur, le dol, la crainte et la minorité. Il faudrait proscrire tous les moyens par lesquels on ébranle un contrat de vente, en se fondant, soit sur les vices cachés de la chose vendue, soit sur le défaut de contenance, soit sur des servitudes non apparentes qui auraient été dissimulées. Tous tendent, en effet, à rendre la propriété plus ou moins incertaine entre les mains des acquéreurs.

L'action rescisoire ne nuit pas au commerce, puisqu'on l'a bornée à la vente des immeubles. Elle ne nuit guère à l'agriculture, puisque le Code ne lui laisse que deux ans de durée à compter de la vente : « Un délai si court, disait M. Portalis, loin d'empêcher les entreprises du nouveau propriétaire, ne lui laisse que le temps convenable pour les préparer. »

Enfin, c'est mal juger d'une loi que de ne s'occuper que de ses côtés faibles, sans s'occuper de ses bons effets. En regard de ses inconvénients inévitables, il faut placer ses avantages. Il est injuste de ne songer qu'au mal qu'elle peut produire et d'oublier celui qu'elle vient réprimer. « S'il était une fois permis, dit M. Portalis, de tromper impunément quand on contracte avec ses semblables ; si la lésion la plus énorme ne pouvait être utilement dénoncée, il n'y aurait plus de honte ni de pudeur dans les engagements publics. Le plus fort ferait la loi au plus faible : la morale, bannie de la législation, le serait bientôt de la société ; car, si quelquefois les mœurs suppléent les lois, plus souvent encore les lois suppléent les mœurs. La législation et la jurisprudence sont comme les canaux par lesquels les idées du juste et de l'injuste coulent dans toutes les classes des citoyens. »

SECTION 3.

ADMISSION DE LA RESCISION POUR LÉSION.

Telles étaient les considérations que les partisans de deux systèmes développaient à l'appui de leur opinion. De part et d'autre, les arguments sont d'égale force : les points de vue seulement sont différents. L'action rescisoire accordée au vendeur est équitable, quand la détresse l'a forcé à vendre à vil prix. Mais, quand la lésion qu'il souffre est le résultat de l'erreur, de l'incurie, ou de l'entraînement de la passion, les adversaires de l'action rescisoire sont, à mon sens, fondés à la combattre. Le vendeur, dans tous ces cas, n'est pas plus digne de protection que l'acheteur : et pourtant la loi tend une main secourable au premier, et reste inflexible en face du second. C'est dans ces cas que la religion des contrats est, je crois, un peu oubliée, que le crédit public reçoit une certaine atteinte, que la circulation des biens souffre peu justement, que l'agriculture est sacrifiée, que le droit de propriété n'est pas assez respecté, et que l'intérêt le plus sacré des tiers est immolé aux regrets injustifiables d'un vendeur capricieux.

Les orateurs du Conseil d'État n'ont pas distingué nettement ces deux hypothèses. Leur tort, aux uns comme aux autres, fut, selon moi, de vouloir, dans tous les cas, ou justifier ou condamner la rescision. La justifier toujours était impossible : l'attaquer toujours était injuste. Il eût fallu laisser à chaque opinion sa part dans la loi, comme elle avait sa part dans la vérité ; et le meilleur système eût été peut-être celui qui, mêlant dans une équitable proportion ces deux idées, eût admis l'action rescisoire dans le cas où l'acheteur a abusé de la gêne de son vendeur, et l'eût rejetée dans tous les autres.

Il est vrai que, si ce système se conçoit en théorie, en pratique il eût été difficile. Il eût jeté la législation dans des questions de fait bien délicates, et l'incertitude inhérente aux procès eût souvent ou donné gain de cause au vendeur qui méritait d'être débouté, ou débouté celui qui méritait d'avoir gain de cause. S'il en est ainsi, s'il fallait admettre dans tous les cas l'action rescisoire, ou la repousser dans tous les cas, je crois que le système le meilleur est encore, malgré ses inconvénients, celui qu'a consacré le Code. Il a admis le principe et l'a tempéré à l'application. L'action rescisoire avait la double consécration du temps et de l'équité. Y substituer la loi de l'an III, préférer un décret arraché par le malheur des temps à une loi que toutes les coutumes avaient librement acceptée, et qui répondait si bien aux idées du pays que l'interprétation en avait de plus en plus étendu la portée, c'eût été, selon moi, méconnaître le sentiment de la France entière, et opérer une rupture inexplicable avec la justice et le progrès.

L'action rescisoire fut donc admise. Elle ne fut accordée qu'au vendeur bien que, hors un seul cas, l'acheteur en soit digne comme lui. La loi se chargeait de présumer que des circonstances malheureuses avaient exercé sur le vendeur cette violence morale, qui seule peut justifier l'action rescisoire. La lésion dut dépasser les 7/12 du prix, et la vente dut porter sur un immeuble.

Une expertise constate la lésion. Le tribunal l'admet-il ? La vente est résolue, si mieux n'aime l'acheteur payer le supplément du juste prix sous la déduction d'un dixième. L'action rescisoire se prescrit par deux ans. Tel fut, en résumé, le système qui sortit du choc des opinions contraires au sein du Conseil d'État, et passa dans le Code.

SECTION 4.

ROLE DU PREMIER CONSUL DANS LA DISCUSSION DE LA LOI.

Parmi les orateurs qui, au Conseil d'État, discutaient le projet de loi, la figure la plus originale, sans contredit, était le premier Consul. Il n'avait pas pris part aux discussions depuis la matière des substitutions, et on ne devait le retrouver ensuite qu'au titre du cautionnement. Le chapitre de la rescision de la vente pour lésion est destiné à porter toujours l'empreinte de ses idées.

« Le Code, disait-il, doit être le résultat le plus exact de la justice civile : s'il repose sur cette base, il sera éternel. » Avec ce sentiment profond du rôle que doit jouer l'équité dans la législation des peuples, il était nécessairement partisan de

l'action rescisoire : « Peut-il être dans les principes de la justice civile, ajoutait-il, de sanctionner un acte par lequel un
individu sacrifie, dans un moment de folie, l'héritage de ses
pères, et le patrimoine de ses enfants à l'emportement de sa
passion ? »

En se faisant le champion de l'action rescisoire au nom de
l'équité, il en concevait l'utilité à sa manière. Il pensait surtout à prévenir l'injustice, que les autres songeaient surtout à
réparer. « Cette loi, disait-il, pourra quelquefois être éludée;
mais plus souvent elle retiendra l'injustice, et précisément
parce qu'elle existera, il y aura moins d'occasions de l'invoquer. Ce sera surtout l'avantage que les mœurs tireront de la
loi; on craindra l'action en rescision, et l'on n'osera se permettre une lésion énorme. Si cette action n'existe pas, la
fraude n'a plus de frein et osera tout entreprendre. » Ailleurs
il répétait : « Il ne faut pas perdre de vue qu'en rétablissant l'action en rescision, on s'est surtout proposé de prévenir la lésion.
Plus on multipliera les chances défavorables contre celui qui
oserait se la permettre, plus on atteindra sûrement le but. On le
manquera, au contraire, si l'on organise le principe de la lésion
de manière que, dans l'application, il devienne illusoire. »

Ce désir de prévenir la lésion, qui était son idée dominante,
le rendait peu sensible aux inconvénients de l'action. Persuadé
que cette loi servirait presque toujours à interdire à l'injustice
l'accès dans les contrats, rarement à y ramener l'équité violée,
la question de l'incertitude des propriétés le touchait peu.
Aussi, voulait-il que cette action ne fût prescrite que par
4 ans, ou même par 10 ans. On ne peut que louer le législateur de n'être pas allé jusque-là.

Mais, bien que disposé à prendre peu de souci des intérêts
d'un acheteur avide, le premier Consul savait qu'il faut rester
dans la mesure, et que souvent il ne faut pas aller jusqu'aux
extrémités de la logique, quand on veut ne pas sortir de la
justice. De cette même voix, qui demandait que le vendeur
lésé eût entre les mains une arme redoutable, il demandait

que l'acheteur qui offre le supplément du prix, pût garder un dixième de ce juste prix. C'est qu'il savait distinguer l'acheteur qui a abusé de la détresse du vendeur, et celui qui n'a pas connu le prix de ce qu'il achetait. Comme les nécessités de la pratique exigeaient qu'une règle unique fût tracée pour l'un comme pour l'autre, il cherchait du moins, en n'épargnant pas l'acheteur coupable, à laisser une ressource à l'acheteur innocent : « Il y a des distinctions à faire, disait-il, entre ceux qui achètent à vil prix. La sévérité ne convient que contre ceux qui, en achetant la chose au-dessous de sa valeur, ont eu l'intention de frauder le vendeur. Il en est qui n'ont pas agi avec des vues aussi coupables, et desquels le vendeur a tiré des secours utiles qu'il n'a pas cru payer trop cher en faisant des sacrifices sur le prix. Si tous ces acquéreurs étaient également odieux, il faudrait casser le contrat; mais, comme il y a des nuances qu'il est difficile de fixer, on laisse le choix à l'acheteur, et on ne l'oblige qu'à en parfaire le prix. » Ainsi, il avait vu surtout, dans l'action en rescision, le moyen d'atteindre un acheteur odieux; et, si elle frappe l'acheteur innocent, c'était à ses yeux une regrettable nécessité. Il voyait maintenant, dans cette déduction d'un dixième du prix, une compensation pour l'acheteur innocent : et l'acheteur coupable qui en profite, profite d'une faveur qui n'est pas faite pour lui.

Nous ne devons pas seulement au Premier Consul cette dernière mesure, qui suppose un sentiment si délicat de l'équité. Si l'action en rescision est bornée aux immeubles, si elle n'est accordée qu'au vendeur, c'est encore à lui que nous le devons.

Il la restreignait aux immeubles; et, sans s'arrêter aux arguments qui servent d'ordinaire à justifier cette restriction, l'intérêt du commerce et la valeur variable des meubles, il la justifiait à sa manière. Il la réclamait au nom d'une raison politique : « Ne voit-on pas, disait-il, que la loi de rescision est une loi de mœurs qui a pour objet le territoire? Peu importe comment un individu dispose de quelques diamants, de quelques tableaux ; mais, la manière dont il dispose de sa

propriété territoriale n'est pas indifférente à la société. C'est
à elle qu'il appartient de donner des règles et des bornes au
droit de disposer ; et c'est d'après ce principe que la loi assure
une légitime aux enfants sur les biens des pères, aux pères
sur les biens des enfants. C'est parce que le droit de propriété
ne donne à personne la disposition indéfinie de ses biens, et
parce que personne ne peut en user contre les mœurs. »

On pourrait contester l'exactitude de cette comparaison
entre l'action rescisoire et la légitime. La légitime restreint le
droit de disposer : l'action rescisoire au contraire, en rendant
au vendeur une propriété qu'il avait aliénée, lui permet d'en
disposer deux fois. La légitime n'est pas dans l'intérêt du disposant : la rescision est dans celui du vendeur. La légitime
frappe les meubles comme les immeubles : l'action rescisoire
est restreinte aux immeubles. Mais, cette réserve faite, il n'en
reste pas moins une raison puissante et des aperçus dignes
d'un homme d'État. Ils parurent déterminants ; et, quand
M. Portalis, dans son exposé des motifs de la loi, voulut justifier la rescision, il n'oublia pas les considérations d'économie politique : « A ne parler, disait-il, que d'après les principes, non de morale, mais d'économie politique, quel est le
véritable intérêt public et social ? Ne consiste-t-il pas à conserver un sage équilibre, à maintenir une juste proportion entre
les choses et les signes qui les représentent ? Un État est dans
la prospérité quand l'argent y représente bien toutes choses,
et que toutes choses y représentent bien l'argent : ce qui ne se
vérifie que lorsqu'avec une telle valeur en immeubles, on peut
avoir, sitôt qu'on le désire, une valeur proportionnée ou équi-
valente en argent. Si les lois favorisent un acquéreur avide et
injuste, les choses qui appartiennent au vendeur ne représentent pas bien l'argent, puisque celui-ci peut être dépouillé de
tout, en ne recevant pour les choses qu'il abandonne qu'un
prix misérable et infiniment au-dessous de leur valeur. » Ces
considérations ne sont pas celles que présentait le premier
consul. Mais, ne sont-elles pas de même ordre, et ne discerne-

t-on pas, dans la pensée de ces deux hommes, deux aspects du même intérêt social ?

Quand on se demanda si l'acheteur aurait l'action rescisoire, le premier consul et M. Portalis se trouvèrent en désaccord. Par respect pour l'autorité de Pothier, M. Portalis soutenait le parti de l'acheteur. Il échoua devant la section. Mais, il renouvela la lutte au sein du conseil d'État, et déjà il triomphait, lorsque le premier Consul prit la parole : « En accordant l'action en rescision à l'acheteur lésé, dit-il, on embarrassera souvent les propriétés. Un particulier qui a le projet d'établir une manufacture, achète un terrain où il trouve un courant d'eau dont il a besoin pour son entreprise. Les circonstances changent. Il ne réalise pas ses projets, ou il vient à mourir. Lui-même ou ses héritiers viennent alléguer qu'ils ont payé trois fois la valeur, et demandent la restitution. Le vendeur cependant s'est défait des terres voisines ; il les a aliénées à un prix inférieur à celui qu'elles auraient eu, si l'héritage eût été entier, et il s'y est déterminé par l'indemnité que lui offrait la première vente. Il est évident que, dans cette hypothèse, la rescision du contrat ne le replacerait pas dans la position où il se trouvait. Il n'en est pas de même de la rescision accordée au vendeur ; elle ne porte jamais préjudice à l'acheteur. »

Cet instinct des solutions justes que possédait au suprême degré le premier Consul faisait que sa thèse était bonne. Mais, les arguments par lesquels il l'appuyait ne l'étaient guère. En retournant l'hypothèse, en supposant non plus l'acheteur, mais le vendeur lésé, la rescision sera aussi nuisible à l'acheteur que tout à l'heure elle l'était au vendeur. L'acheteur, ayant obtenu à vil prix un immeuble, voyant sa fortune augmentée par une acquisition considérable, qui ne lui a coûté qu'une faible somme, ayant juste sujet de se croire plus riche, a pu étendre le cercle de ses dépenses. La vente en se résolvant ne le laissera plus dans la situation, où l'avait trouvé la vente en se formant. C'était donc ailleurs qu'il fallait chercher de bons arguments, pour appuyer une bonne doctrine.

Ce n'est pas la seule erreur de ce grand esprit. Nous allons l'entendre encore mettre sa parole énergique au service d'idées peu juridiques, et qui, admises un moment par la jurisprudence, n'en restent pas moins inadmissibles. « Il n'y a pas de contrat de vente, disait-il, lorsqu'on ne reçoit pas l'équivalent de ce qu'on donne, quand la séduction des passions ou le besoin ont décidé un propriétaire à céder sa chose pour rien.»

C'était revenir à la doctrine des anciens auteurs, qui déclaraient nulle de plein droit la vente entachée de lésion. M. Portalis lui-même est tombé dans cette erreur : « Puisque le prix, dit-il, doit être l'équivalent de la chose vendue, il faut que le prix réponde à la valeur de cette chose. S'il y a lésion, c'est-à-dire s'il n'y a point d'équilibre entre la chose et le prix, le contrat se trouve sans cause, ou du moins sans une cause raisonnable et suffisante à l'égard de la partie. Ainsi, l'action rescisoire pour cause de lésion, qui a son fondement dans les maximes communes à tous les contrats, est encore une conséquence immédiate de la nature particulière du contrat de vente.»

Cette théorie est inexacte. Si la vente entachée de lésion était nulle faute de cause, le vendeur lésé pourrait, même après les deux ans que lui donne l'art. 1676, invoquer la nullité. Plusieurs l'ont essayé en effet, et des tribunaux avaient accueilli leur prétention. Mais, c'est là violer l'art. 1676, et bouleverser tout le système consacré par le législateur pour resserrer dans de justes bornes l'action en rescision. Pothier dit qu'un prix non sérieux est un prix de néant : un prix vil est donc un prix sérieux. Or, si c'est un prix, la vente n'est pas nulle faute de prix : elle n'est pas nulle faute de cause. Elle vaut autant que la vente la plus équitable, sauf le droit de la faire rescinder en suivant les règles que prescrit notre section.

Ajoutons que, si le défaut d'équilibre entre le prix et la chose vendue rendait la vente nulle faute de cause, la loi serait injustifiable d'avoir fait de l'action rescisoire le privilège des ventes d'immeubles. La même nullité vicierait en effet les ventes de meubles et les échanges. S'il en était ainsi, le Premier Consul, en déniant à l'acheteur l'action rescisoire, serait tombé en contradiction avec lui-même. Car, si la vente est nulle au profit du vendeur quand il n'a pas reçu en argent l'équivalent de son immeuble, elle doit être nulle au profit de l'acheteur quand il n'a pas reçu, dans l'immeuble, l'équivalent de son argent.

C'est ainsi que le Premier Consul, à ces discussions, mêlait à des erreurs graves des aperçus pleins de justesse, et unissait un profond sentiment juridique à une ignorance bien excusable des principes du droit. Au milieu de ces légistes souvent enchaînés à des systèmes, il n'en était pas moins l'homme de pratique et d'action ; et si, comme le dit M. Troplong, le Code a valu au Conseil d'Etat qui l'a fait l'admiration de la postérité, le premier Consul en mérite sa part. Il comprenait les questions à sa manière ; et, mettant au service de ses idées rarement fausses, tantôt des raisons qui ne les valaient pas, tantôt des arguments frappants de justesse, toujours des considérations qui n'appartenaient qu'à lui, il allait par instinct à la meilleure solution. « Cet homme est la législation incarnée, » disait M. Portalis. Et, en effet, son bon sens pratique, exprimé dans cette langue sobre, qui tranchait sur le style emphatique des autres orateurs, exerçait sur eux une telle influence, qu'il est difficile d'avoir la clef d'une loi quand il a pris part à sa discussion, si l'on ne s'inquiète pas de la manière dont il l'a comprise.

SECTION 5.

DE LA NATURE DE LA LÉSION.

Quand l'art. 1118 dit que la lésion n'est un vice qu'à l'égard de certaines personnes, il a trait aux mineurs : nous n'avons pas à nous en occuper. Quand il dit que la lésion n'est un vice que dans certains contrats, il a trait aux majeurs : c'est le texte fondamental de notre matière. A la différence du dol de l'erreur et de la violence, qui sont des vices du consentement et des causes générales de nullité des contrats, la lésion en principe laisse aux contrats leur validité. Par exception, elle peut amener la rescision d'une vente, du partage d'une hérédité, du règlement des parts entre associés, et de l'acceptation d'une succession. Nous avons à étudier ses effets dans chacune de ces matières.

« La lésion dans la vente, dit M. Portalis, résulte de la différence qui existe entre le prix commun ou le juste prix, et le prix conventionnel. » Si l'on demandait si la vente en général est rescindable pour lésion, il faudrait répondre non. La lésion n'est que par exception un vice de ce contrat. S'agit-il d'une vente mobilière ? Le tort qu'éprouve soit le vendeur, soit l'acheteur, si considérable qu'il soit, laisse la vente valable. S'agit-il d'une vente d'immeuble ? Le préjudice qui frappe l'acheteur, si énorme qu'il soit, est indifférent : le préjudice qui frappe le vendeur l'est aussi, à moins qu'il ne dépasse les sept douzièmes de la valeur de la chose vendue.

La lésion ne se confond pas avec l'erreur. Quand la loi a armé le vendeur de l'action rescisoire contre la vente qui l'a lésé, elle n'a pas présumé qu'il s'était trompé sur le prix de sa chose. S'il en était ainsi, l'action rescisoire serait due avant tout à l'acheteur auquel on la refuse. Il est bien plus excusable que le vendeur, s'il a ignoré la valeur d'une chose qui ne lui appartenait pas. La loi a pensé que le vendeur qui se plaint d'une lésion considérable, a cédé à la voix de la détresse, et a été contraint de vendre par les embarras d'une position critique. La vie offre des jours d'angoisse où il faut, à tout prix, trouver une somme d'argent : la loi présume que, sous l'empire d'une nécessité pareille la vente a été consentie. Elle ne relève pas le vendeur d'une lésion qu'il n'a pas connue : elle le restitue contre une lésion qu'il a acceptée. Elle protége, contre l'acheteur riche qui a exploité la détresse, le

6

vendeur pauvre qui l'a subie. La lésion et l'erreur sont donc deux choses distinctes.

Dans l'ancien droit, les actions en nullité n'étaient pas des actions en rescision. D'importantes différences les séparaient : nous les avons examinées. Ces différences n'existent plus aujourd'hui. Assimilées les unes aux autres par une origine commune, et par une prescription le plus souvent commune, elles semblent confondues dans les textes du Code. (Art. 887, 892, 1304, etc.) Il reste cependant un dernier vestige de tant de différences disparues. Quand le contrat est entaché d'erreur, de dol, de violence ou d'incapacité, la loi parle indifféremment de rescision ou de nullité. Quand il est entaché de lésion, elle ne parle plus que de rescision. Ainsi restreinte à la lésion, l'action rescisoire garde quelques caractères propres. C'est d'abord qu'au cas de vente elle se prescrit par deux ans. C'est ensuite qu'elle se prescrit par trois mois, en matière de société, quand l'un des associés attaque comme inique le règlement de parts fait par un tiers. C'est enfin que, dans la vente et dans le partage, le défendeur peut éviter l'anéantissement du contrat, en faisant, par une indemnité suffisante, disparaître la lésion.

DES VENTES QUI PEUVENT ÊTRE RESCINDÉES POUR LÉSION.

§ Ier

Ventes d'immeubles.

Quand un immeuble est vendu pour un prix qui n'atteint pas les cinq douzièmes de sa valeur, la loi permet au vendeur de faire rescinder la vente. Elle n'a pas été librement consentie.

La loi du 2 prairial an VII avait déclaré que les ventes de biens nationaux ne pouvaient être attaquées pour lésion. A la discussion de notre matière, le premier consul crut cette loi suffisante pour rassurer les acquéreurs de ces biens, que le rétablissement de l'action rescisoire alarmait avec raison. La jurisprudence n'a pas été de son avis. Elle a décidé qu'en passant cette loi sous silence, le code l'avait abrogée, qu'il n'y avait plus de distinction entre les biens, et que la rescision s'appliquait à tous, quelle que fût leur origine. (Cass., 11 avril 1820).

C'est avec raison. C'est à dessein que le code n'a pas reproduit l'exception de la loi de prairial. A l'époque de sa confection, les biens nationaux, il est vrai, n'avaient pas encore reçu d'un autre régime la sanction qui devait effacer la tache de leur origine. Mais, ils commençaient à se relever du discrédit dont bien des gens les avaient frappés. Les chartes de 1814 et de 1830 allaient achever de les mettre au niveau des autres propriétés. Le législateur, qui travaille pour les âges à venir, doit se placer au-dessus des circonstances du moment et dominer les événements qui passent. Il ne doit s'inspirer que des situations destinées à se prolonger.

§ II.

Ventes de meubles.

Le vendeur d'un meuble n'a pas l'action rescisoire (art. 1674). Ce fut la raison politique donnée par le premier consul qui détermina les conseillers d'État. Mais, on peut trouver d'autres motifs, et Cujas s'était décidé par d'autres considérations, quand il avait, plusieurs siècles avant, enseigné la même doctrine. Les meubles dépendent de la mode. Une extrême variation dans leur valeur, de fréquents déplacements, des détériorations rapides rendraient difficile un système rescisoire. Où trouver un terme de comparaison assez positif pour établir le prix commun au moment du contrat? Comment savoir si la vilité du prix est concomitante ou postérieure à la vente?

C'eût été jeter un trouble universel dans les relations commer-
ciales, et entraver le cours des opérations journalières de la
vie. La liberté publique du commerce doit passer avant l'intérêt particulier de quelques citoyens.

L'ancienne jurisprudence avait quelquefois reçu l'action en
rescision pour les meubles précieux, comme les diamants et
les bijoux. Le code écarte cette exception : « Nous avons absolument borné, disait M. Portalis, l'action rescisoire à la vente
des choses immobilières. » C'était couper court à des discussions arbitraires, sur le point de savoir si un objet était plus
ou moins précieux. On ne pourrait donc rescinder pour lésion
la vente d'une coupe de bois, ni une vente de fruits, ni la vente
d'un office.

Mais, dans les ventes d'immeubles incorporels, la rescision
est possible. L'art. 1674 ne distingue pas. Rien donc ne nous
autorise à nous séparer de Pothier (n° 339) et à déclarer non
rescindable la vente d'une servitude. La vente d'une action
immobilisée pouvait être attaquée de même, si le vendeur
n'avait pas reçu au moins les cinq douzièmes de sa valeur.
Mais, ces actions étant aujourd'hui rachetées depuis un an, et
la rescision se prescrivant par deux ans, la question bientôt
manquera d'intérêt. On peut encore rescinder pour lésion la
vente d'un droit de superficie. Quant à celle d'un droit d'usufruit, elle est aléatoire : nous en parlerons plus loin.

Si la vente comprend à la fois des immeubles et des meubles, aliénés par un seul et même prix, on détermine, à l'aide
d'une ventilation, la valeur relative des uns et des autres. On
estime pour quelle proportion les meubles d'une part, l'immeuble d'autre part ont dû entrer dans le prix total. Si la part
du prix qui représente la valeur de l'immeuble n'équivaut
pas aux cinq douzièmes de cette valeur, il y a lieu à rescision.
Une maison a été vendue toute meublée pour 53,900 fr. Le
vendeur se prétend lésé. Estimation faite, les experts trouvent
que la maison valait, à elle seule, 120,000 fr., et que le mobilier, peu considérable, n'en valait que 12,000. Si le tout

avait été vendu 55,000 fr., le vendeur aurait reçu 50,000 fr.
pour l'immeuble, 5,000 fr. pour les meubles. Il aurait obtenu
les cinq douzièmes du juste prix : il ne pourrait pas se plaindre. Mais, il n'en est pas ainsi : il y a un déficit de 1,100 fr.
La valeur des meubles étant à celle de l'immeuble comme un
est à dix, le déficit doit se diviser dans la même proportion.
Sur 1,100 fr. qui manquent, 1,000 fr. manquent au prix de
l'immeuble, 100 fr. à celui du mobilier. L'acheteur a reçu le
mobilier pour 4,000 fr. : c'est moins des cinq douzièmes de sa
valeur; mais, dans les ventes de meubles, la lésion étant indifférente, il ne peut être inquiété. Il a reçu l'immeuble pour
40,000 fr. : c'est moins des cinq douzièmes de ce qu'il vaut:
le vendeur obtiendra la rescision.

§ III.

Ventes aléatoires.

« Il ne peut y avoir de mesure absolue, disait M. Portalis,
pour régler les choses incertaines. Aussi, l'action rescisoire a
toujours été refusée dans les contrats aléatoires, c'est-à-dire
dans tous les contrats qui dépendent d'un événement incertain. » Rien n'est plus raisonnable. Offrant des chances réciproques de perte et de gain qui rendent toute appréciation
impossible, les ventes aléatoires ne peuvent être rescindables
pour vilité du prix. Il est naturel que l'acheteur, qui court
une chance de perte, veuille la compenser par une diminution
sur le prix.

L'alea peut tenir soit à la nature de l'objet vendu, soit au
prix de vente, soit à la fois à l'objet et au prix. Si la vente
porte sur des droits successifs, sur un immeuble litigieux, sur
un droit d'usufruit ou de nue-propriété, elle est aléatoire dans
son objet. Si elle est faite moyennant une rente viagère, elle
est aléatoire dans le prix. Si un usufruit est vendu pour une

rente viagère, elle est doublement aléatoire, et dans la nature de la chose vendue, et dans la quotité du prix de vente.

La vente de droits successifs, faite entre cohéritiers, est soumise à des règles particulières : nous les étudierons en traitant de la lésion dans les partages. Faite à un étranger, elle n'est pas sujette à l'action en rescision. On l'a toujours comparée au marché d'un coup de filet, *jactus retis;* et en effet, l'émolument apparent de la succession peut être absorbé par des dettes inconnues. Peut-être l'acheteur aura-t-il à compléter *de suo* ce qui manque à l'actif pour égaler le passif. Peut-être aura-t-il à subir une double perte : celle de l'excédant du passif sur l'actif, et celle du prix de vente, que les circonstances peuvent rendre énorme, comme elles le font aujourd'hui paraître dérisoire.

Si l'immeuble vendu est litigieux, la rescision est encore impossible. Sans doute, le prix sera vil si le bien était réellement la propriété du vendeur. Mais, si l'acheteur en est évincé, le vendeur réalise r.. bénéfice considérable.

L'usufruit ne durant que jusqu'au décès de l'usufruitier, c'est-à-dire jusqu'à une époque incertaine, la vente d'un usufruit n'est pas rescindable pour lésion. Il est impossible, en effet, d'estimer la juste valeur de la chose. L'usufruitier peut vivre encore quarante ou cinquante ans; mais, il peut aussi mourir dans le mois. Le prix le plus minime peut donc être encore une occasion de perte pour l'acheteur de l'usufruit.

Quand la vente porte sur une nue-propriété, M. Duranton pense qu'elle peut être rescindée. L'art. 1674 ne distingue pas en parlant des immeubles, la propriété pleine de celle dont l'usufruit a été détaché. Mais, la valeur d'un droit de cette nature, dépendant d'un événement incertain, l'époque du décès de l'usufruitier, n'est pas susceptible d'une exacte appréciation. La cession présente donc un caractère aléatoire: l'action rescisoire ne lui est pas applicable.

Si le prix d'une vente consiste en une rente viagère, la vente n'est pas sujette à l'action rescisoire. Le vendeur peut tout

perdre et éprouver une lésion énorme, s'il meurt immédiatement après le contrat. Mais, par une longue vie, il peut gagner beaucoup plus que la valeur de son bien, et réaliser un
bénéfice considérable. De plus, le motif de la loi, qui suppose
la vente faite sous l'empire du besoin, ne s'applique pas, dès
qu'une vente est payée en rente viagère.

Si la rente viagère est le prix de la vente d'un usufruit, le
contrat, étant aléatoire, est encore à l'abri de la rescision.
Mais, il faut que l'alea soit sérieuse et à peu près égale au revenu de la chose vendue.

Voilà le principe qui domine les ventes aléatoires. Si, à
l'application, certaines hypothèses semblent le renverser, c'est
que l'alea est ou non sérieuse, ou indifférente à la question
de lésion. Si, en effet, les chances de perte et de gain ne sont
qu'apparentes, l'action rescisoire redevient admissible. Il en
est ainsi quand un cohéritier vend, après l'inventaire, ses
droits successifs à un étranger, s'il lui garantit la propriété
des biens qu'il lui transmet, et s'engage encore à désintéres-
ser les créanciers inconnus au moment de la vente. Il en est
de même, si l'on convient que, si l'hérédité n'a pas d'actif,
l'acheteur ne paiera pas le prix. Ajoutons les cas où l'héritier
vend, non plus la masse de droits actifs et passifs qu'il avait
dans la succession, mais simplement sa part dans des immeubles déterminés ou dans tous les immeubles. Il y a là une
vente commutative : elle n'a d'aléatoire que les termes. La
même décision s'applique au cas où un immeuble vendu
comme litigieux ne l'est pas réelleme < Si l'acheteur ne trouve
pour contradicteur à sa propriété, qu'un individu qui prétend
avoir prescrit par 10 ans bien qu'il n'ait pas de titre, ou qu'il
ait toujours habité hors du ressort de la Cour impériale où
habitaient les propriétaires du fonds, il est clair qu'une prétention pareille n'ôte pas un sou à la valeur du bien vendu.

Le même résultat peut se produire dans la vente d'une nue-
propriété. Si, en principe, la rescision n'a pas d'application
dans une telle vente, on ne doit pas cependant, par cela seul

qu'un vendeur s'est réservé l'usufruit, lui refuser toute action. Je vous vends pour 10,000 fr. un immeuble qui en vaut 120,000 : il est évident que l'usufruit que je me suis réservé ne donne rien d'aléatoire à ce contrat. N'eussé-je que 25 ans quand j'ai traité avec vous, et dussé-je vivre jusqu'à 100 ans, l'aléa n'est pas sérieux. Vous n'avez aucune chance à courir : vous êtes sûr de ne jamais rien perdre. En mettant les choses au pis, vos déboursés aboutiront : 1° Aux 10,000 fr. que vous m'avez donnés; 2° à la somme de 37,500 fr., représentative des intérêts des 10,000 fr. dont vous avez été privé pendant 75 ans : total 47,500 fr.; et, pour 47,500 fr., vous avez eu un immeuble valant 120,000 fr. Dans un tel état de choses, peut-il y avoir une fin de non-recevoir contre le vendeur qui se prétend lésé ?

De même, qu'un vieillard de 80 ans vende, moyennant une rente viagère de 1,000 fr. par an, un immeuble de 1,200 fr. de revenu net et valant 50,000 fr. : il y a lieu à rescision. Le vendeur, vécût-il 100 ou 110 ans, serait toujours lésé de plus des sept douzièmes. Comme la rente ne représente pas même les fruits du fonds, l'acheteur, payant la rente avec les fruits, deviendra propriétaire du bien sans bourse de 'er. (Grenoble, 18 avril 1831; Cass , 28 déc. 1831, 22 fév. 1836 23 juin 1841.) De même, la rescision d'une vente d'usufruit est recevable, si la vente a été faite pour une rente viagère qui n'atteint pas les cinq douzièmes du revenu des immeubles affectés à l'usufruit.

Dans tous ces cas, n'y a-t-il donc pas contrat aléatoire? On ne peut le nier. Seulement, l'aléa est indifférente à la question de lésion. Je m'explique. En mettant les choses au mieux, en prenant le hasard le plus favorable au vendeur, le vendeur ne touchera pas les cinq douzièmes du juste prix. Il a donc dès lors droit à la rescision. On ne peut lui dénier cette action, parce qu'il existe encore à son détriment une aléa, qui peut lui causer des pertes bien plus considérables. On ne peut lui refuser l'action rescisoire parce que, ayant de plus qu'un vendeur ordinaire une chance défavorable, il a un titre de plus pour l'obtenir. Du moment que le prix convenu n'atteindra jamais les cinq douzièmes de la valeur de l'immeuble, qu'importe qu'il soit, ou non, aléatoire? Qu'importe qu'au-dessous de ces cinq douzièmes, il y ait encore une alea qui peut réduire presque à rien ce prix convenu? Si, par cette alea, le prix courait le risque de monter au-dessus des sept douzièmes de la valeur comme le risque de descendre au-dessous, comme elle pourrait, selon la fortune, augmenter ou réparer la lésion, la loi en tiendrait compte. Mais, comme elle s'agite dans une sphère inférieure, comme il y aura, dans tous les cas, lésion de plus des sept douzièmes, comme il n'y a d'incertitude pour le vendeur qu'entre une lésion énorme et une lésion plus énorme encore, le vendeur a droit à la protection de la loi.

Voilà pourquoi j'ai dit que, dans ces cas, l'aléa était indifférente à la question de lésion. Elle existe au-dessous du taux légal; le chiffre fixé par la loi est inaccessible à ses atteintes. Dans le cercle d'un prix que la loi déclare vil, l'alea n'a pas d'effet. En un mot, dès que la valeur payée n'atteint pas les cinq douzièmes de la juste valeur, il y a lésion, peu importe que ce commencement de prix, que la loi déclare insuffisant, renferme une somme fixe ou une convention aléatoire.

Mais, le principe que j'ai établi au début n'en reste pas moins vrai. Toutes les fois que le prix de vente, sans être forcément inférieur aux cinq douzièmes du juste prix, est véritablement aléatoire, toutes les fois que le vendeur court une chance de gain avec une chance de perte, toutes les fois que l'alea est, pour ainsi dire, à cheval sur cette limite des sept douzièmes du prix que la loi a fixée, de telle sorte que le hasard qui, malheureux, fera perdre au vendeur plus des sept douzièmes, heureux, lui fera obtenir plus des cinq douzièmes, la vente aléatoire est inattaquable pour lésion. La rescision n'est possible que dans deux cas. C'est d'abord quand les chances de perte et de gain ne sont qu'apparentes, comme dans une vente de droits déterminés, faussement qualifiés droits successifs, ou dans la vente d'un immeuble faussement qualifié litigieux. C'est ensuite quand l'aléa est indifférente, et s'agite au-dessous d'une lésion de plus des sept douzièmes, qu'elle est impuissante à réformer : ce qui a lieu dans les hypothèses que j'ai présentées, de vente d'une nue-propriété ou de vente moyennant une rente viagère.

Certains auteurs n'ont pas admis qu'une vente pour une rente viagère fût sujette à rescision. L'art. 1976 dit en effet que la rente viagère peut être constituée au taux qu'il plaît aux parties de fixer. Mais, la conscience proteste contre le maintien d'un contrat, qui renferme, au préjudice de l'une des parties, une lésion énorme et inévitable. Désireux de venir au secours du vendeur, les jurisconsultes et les cours impériales dont je combats la doctrine, ont cherché un autre remède. Pour concilier la loi et l'équité, ils ont prétendu que le contrat était nul faute de prix sérieux, quand les parties n'avaient pas pu considérer la rente viagère comme l'équivalent à peu près exact de l'objet aliéné.

Ce système s'appuie sur la définition que l'art 1104 donne du contrat commutatif : c'est celui où chacune des parties s'engage à donner une chose, qui est regardée comme l'équivalent de ce qu'on lui donne. Si donc le prix n'est pas l'équivalent de la chose vendue, il n'est pas sérieux : le contrat n'est pas valable. C'est ce que dit formellement M. Portalis : « Puisque le prix doit être l'équivalent de la chose vendue, il faut que le prix réponde à la valeur de cette chose. S'il n'y a pas d'équilibre entre la chose et le prix, le contrat se trouve sans cause. » Du reste, ajoute-t-on, c'est de toute évidence. Quand la rente viagère, prix d'un immeuble, représente à peine les fruits de cet immeuble, l'acquéreur ne débourse rien. Il prend seulement sur la chose vendue, la portion du revenu nécessaire au service de la rente. Il n'y a donc pas de prix.

« C'est là une pure subtilité, répond avec raison M. Troplong ; car, la vente transporte, par sa propre énergie, la

propriété sur la tête de l'acheteur. Or, dès qu'il est propriétaire, n'est-ce pas sur sa propre chose qu'il prélève ce qui est
nécessaire au service de la rente? »

On a toujours distingué deux sortes de prix : le prix conventionnel et le juste prix. Cujas exprimait la distinction en
interprétant le digeste (L. 1ᵉ *de actionibus empti*); et, si l'on
doute qu'elle soit passée dans notre code, qu'on écoute
M. Portalis : « Le prix conventionnel, disait-il, est l'ouvrage
de la volonté des parties qui ont concouru à le fixer : le juste
prix est le résultat de l'opinion commune. » L'opinion que je
combats efface d'autorité cette distinction. Elle veut qu'il n'y
ait pas de prix, lorsque le prix conventionnel n'est pas l'équivalent du juste prix. Est-il rien de plus contraire à la loi?
Toutes les fois qu'un prix a été stipulé avec l'intention de
l'exiger, il est sérieux. Il n'y a de prix non sérieux que celui
qui a été indiqué pour la forme, celui qu'Ulpien appelait
pretium nugatorium et Pothier *prix de néant*, parce que les
parties n'avaient eu, en contractant, l'intention ni de l'exiger
ni de le payer, parce qu'elles n'avaient regardé sa fixation
que comme un jeu. Que le prix soit l'équivalent de la valeur
de la chose, ou qu'il soit modique, il est sérieux si le vendeur
a l'intention de forcer l'acheteur à le payer. Sinon il ne l'est
pas. Quand je vous vends une maison de 100,000 fr. pour un
écu, comme dit Pothier, ce marché est une plaisanterie, s'il
n'est l'acte d'un fou. Mais, si j'exige 100 fr. de rente viagère,
la vente est sérieuse. Sans doute, j'éprouve une lésion énorme.
Si les chances qui me sont les plus favorables, si ma vie, pro-
longée au-delà même de la mesure de la vie humaine, m'ap-
portent encore une lésion de plus des sept douzièmes, la loi
m'offre l'action rescisoire. Si la lésion n'atteint pas ce chiffre,
la loi me laisse sans ressource.

Quand je distingue la vente viciée par la lésion, de la vente
nulle faute de prix sérieux, je n'obéis pas à un intérêt purement doctrinal. Il y a des différences pratiques. Si le prix n'est
pas sérieux, le contrat est radicalement nul : il manque d'un

de ses éléments essentiels. Le vendeur peut se refuser à
l'exécution. S'il a fait la délivrance, il a trente ans pour revendiquer la chose, dont, aux yeux de la loi, il n'a pas cessé
d'être propriétaire. Si le prix est simplement vil, le contrat
est entaché d'un vice susceptible, s'il s'agit d'un immeuble,
d'en faire prononcer la rescision ; mais, il a une existence
juridique. Le vendeur n'a que deux ans pour agir. L'acheteur peut se soustraire à l'obligation de restituer, en fournissant ce qui manque au juste prix sous la déduction d'un
dixième.

§ IV.

Ventes judiciaires.

« La rescision n'a pas lieu, dit l'art. 1684, en toutes ventes
qui, d'après la loi, ne peuvent être faites que d'autorité de
justice. » Ces ventes, en effet, dit M. Faure au Tribunat,
« demandent des procès-verbaux, des affiches et plusieurs
autres formalités telles, qu'il est impossible de craindre que
la vente n'ait pas été assez publique, qu'il ne se soit pas présenté assez d'enchérisseurs, et qu'enfin la chose n'ait pas été
vendue à peu près la somme qu'il était possible d'en retirer. »
M. Portalis disait : « Quand la justice intervient entre les
hommes, elle écarte tout soupçon de surprise et de fraude. »

Ces explications ne sont guère satisfaisantes. « Il n'y a pas
de plus mauvaises ventes, dit avec raison M. Troplong, que
celles qui se font d'autorité de justice. C'est plutôt parce que
la *vileté* du prix n'est que trop ordinaire dans ces sortes de
contrats, qu'on n'a pas voulu permettre d'inquiéter les acquéreurs. Ils ont profité sans fraude de cet état de choses habi-
tuel, qui est un fait contre lequel on s'élèverait en vain.
Après tout, qu'est-ce que le juste prix, sinon le prix qu'on a
pu trouver après avoir mis en œuvre tous les moyens ? *Justum
pretium est quanti res venire potuit.* D'ailleurs, lorsque c'est

la justice qui vend, elle doit une sûreté entière à ceux qui achètent sous la protection des nombreuses formalités qu'elle emploie. »

A quelles ventes fait allusion l'art. 1684? « Tout se réduit, disait le tribun Grenier, à examiner si la vente a pour principe la volonté libre de ceux dont les biens sont vendus, ou si l'intervention de la justice était absolument nécessaire d'après la loi pour que la vente eût son effet, si c'est, en un mot, la justice qui vend pour suppléer au défaut de volonté ou de capacité de la part de celui dont la propriété est vendue. »

Ainsi, toute vente qui ne peut avoir lieu dans les formes libres de la vente volontaire, sera à l'abri de la rescision. Telles sont les ventes des biens de mineurs et d'interdits, celles des fonds dotaux, les ventes sur saisie, celles des biens des faillis et les ventes sur surenchères. Aucune de ces ventes ne peut être faite à l'amiable. La vente resterait inébranlable, lors même qu'elle aurait été faite devant un notaire commis. Ce renvoi ne change pas le caractère de la vente : il reste essentiellement judiciaire. Mais si, pour aliéner la chose, le vendeur n'était pas forcé de recourir à la justice, si c'est volontairement qu'il a fait apposer des affiches et a vendu aux enchères, la rescision peut avoir lieu. Il en est ainsi quand des copropriétaires, capables et présents, vendent en justice un immeuble reconnu impartageable : ils pouvaient (art. 985, Proc.) « s'abstenir des voies judiciaires ou les abandonner en tout état de cause, et s'accorder pour procéder de telle manière qu'ils aviseraient. » C'est peut-être d'ailleurs pour éviter la rescision et léser impunément les copropriétaires, que l'acheteur a exigé l'intervention de la justice.

§ V.

Vente d'un immeuble moyennant une créance d'arrérages perpétuels.

Le vendeur peut demander la rescision du contrat si, le montant des arrérages pour chaque année étant multiplié par 20, il en résulte un prix inférieur aux cinq douzièmes de la valeur réelle de l'immeuble aliéné. Si les parties, usant du droit que leur donne l'art. 530, avaient stipulé que le rachat se ferait à 4 p. %, 3 p. %, 2 p. %, la règle devrait être modifiée. Il faudrait alors multiplier par 25, 33 ou 50, la somme fournie annuellement.

Des auteurs repoussent cette décision. D'après eux, celui qui cède un immeuble à charge de rente, indique par là même qu'il n'est pas dans un besoin momentané et pressant. Le motif de la rescision faisant défaut, la rescision, disent-ils, n'est plus applicable. — Mais celui qui aliène un immeuble moyennant une créance d'arrérages perpétuels, est assimilé à un vendeur (art. 530) : il doit jouir des mêmes avantages. Pour lui refuser l'action rescisoire, il faudrait un texte de loi; car, bien que je croie fermement que l'idée du législateur, en édictant l'action rescisoire, a été de parer aux conséquences irréparables d'un jour de détresse chez le vendeur, nul ne peut l'affirmer avec certitude. Les motifs d'une loi sont souvent complexes. A côté de l'idée principale, des considérations secondaires ont influé sur l'esprit du législateur; et, s'il est périlleux d'étendre les déchéances, il l'est plus encore de les imaginer.

§ VI.

Vente d'un office.

L'ancienne jurisprudence, bien qu'elle déclarât les offices immeubles, ne permettait pas généralement au vendeur lésé d'en faire rescinder la vente. Cette solution, aujourd'hui, est d'autant plus incontestable, que les offices sont meubles, même depuis la loi de 1816. Qu'est-ce qui est dans le commerce? le droit de présentation. Or, n'est-il pas mobilier, puisqu'il a pour objet une somme d'argent?

---

§ VII.

Vente à réméré.

La faculté de rachat que s'est réservée le vendeur, n'est pas un obstacle à l'exercice de l'action rescisoire. L'art. 1676 le dit expressément.

---

§ VIII

Vente dont le prix a été fixé par un tiers.

Généralement, on décide que la rescision pour lésion n'est pas possible dans les ventes dont le prix a été déterminé par un tiers. L'art. 1592 ne contient ni exception, ni modification à la règle qu'il pose. (Bordeaux, 23 juillet 1853.) Mais cette doctrine n'est pas à l'abri de toute critique. En principe, les ventes d'immeubles sont rescindables par vilité du prix. Pour que la règle générale ne soit pas applicable à un cas donné, il ne suffit pas qu'elle n'y soit pas rappelée : il faut que la loi y déroge expressément. Or, les termes de l'art. 1592 ne sont pas exclusifs.

PAR QUI ET CONTRE QUI L'ACTION EN RESCISION PEUT-ELLE ÊTRE EXERCÉE ?

Le vendeur seul peut attaquer la vente pour cause de lésion. Il aurait suffi du caractère restrictif de l'art. 1674 pour que les tribunaux n'en étendissent pas, dans le silence des textes, le bénéfice à l'acheteur. Mais, afin de prévenir toute controverse, les rédacteurs du Code ont voulu, par une disposition expresse, lui refuser ce droit. L'art. 1683 dit formellement que la rescision pour lésion n'a pas lieu en faveur de l'acheteur.

Cette disposition, si raisonnable et si facile à justifier, a étonné certains esprits. Si l'on vient au secours de l'erreur ou de la passion du vendeur, pourquoi l'erreur ou la passion de l'acheteur ne mérite-t-elle pas la même indulgence? Voët d'sait que, s'il fallait exclure l'une des parties du bénéfice de l'action rescisoire, c'était non l'acheteur, mais le vendeur. Le vendeur n'est pas excusable d'avoir ignoré la valeur d'un bien qui se trouvait dans son patrimoine. L'acheteur, au contraire n'a jamais eu ce bien en son pouvoir. Il n'a pu ni l'examiner, ni l'estimer. S'il l'a payé plus qu'il ne valait, n'y a-t-il pas là une erreur légitime, et qui se réclame à l'humanité de la loi? Aussi, le code Frédéric, en Prusse, accorde-t-il à l'acheteur notre action rescisoire. Il va même plus loin : il la refuse au vendeur.

Jamais le législateur français ne songea à consacrer un pareil système ; nous devons l'en féliciter. Mais, comme je l'ai déjà dit, M. Portalis voulait que l'acheteur fût sur le même pied que le vendeur, et que la loi ne refusât pas à l'un ce qu'elle accordait à l'autre. Le premier Consul fit prévaloir une plus saine doctrine. Il existe aujourd'hui dans le code, en faveur du vendeur lésé, une présomption légale qu'il a fléchie sous le joug impérieux de la nécessité. La loi pose en principe que la détresse a présidé à cette vente, qui ne devait lui rapporter qu'un prix dérisoire. Mais, si la misère force quelquefois à vendre, elle ne force jamais à acheter. Si on peut être présumé dans la gêne quand on fait une vente, on est toujours présumé dans l'aisance quand on fait une acquisition.

Mais, l'art. 1683 ne s'oppose pas à ce que l'acheteur demande la nullité de la vente pour un autre motif. S'il ne peut se plaindre de la lésion, il peut se plaindre de la fraude. Si le vendeur l'a circonvenu par des manœuvres frauduleuses, si des baux simulés ont attribué au domaine un produit apparent supérieur de beaucoup au produit réel, ces manœuvres ne sont plus une simple lésion : elles sont un dol beaucoup plus grave. C'est une surprise qui vicie le consentement dans son essence : l'acheteur peut s'en prévaloir pour demander la nullité du contrat.

L'action en rescision pour lésion est donc refusée à l'acheteur. Elle peut être exercée d'abord par le vendeur en personne. S'il n'est pas propriétaire, la demande en rescision n'est pas moins recevable ; mais, l'acheteur peut la prévenir en demandant lui-même la nullité aux termes de l'art. 1599. L'action rescisoire peut encore être intentée par le mandataire du vendeur, ou par ses cessionnaires : c'est un droit pécuniaire qu'à titre onéreux ou gratuit il peut transmettre à des tiers; par les héritiers du vendeur, s'ils sont encore dans les deux ans; par ses créanciers en vertu de l'art. 1166, et par l'ascendant donateur quand le donataire qui a vendu à vil prix est décédé sans postérité. Enfin, en cas de vente solidaire, chacun des vendeurs peut intenter seul l'action en rescision.

Les créanciers hypothécaires du vendeur qui, sur les notifications à fin de purge que leur a faites l'acheteur, ont laissé passer quarante jours sans surenchérir, sont-ils censés avoir tellement ratifié la vente qu'ils ne puissent plus désormais l'attaquer pour lésion? Je ne le crois pas. Au moment où l'acheteur offrait son prix, peut-être ont-ils cru ce prix suffisant, et n'ont-il su qu'ensuite combien il était inférieur à la valeur réelle de leur gage. Aucune loi ne leur impose d'en connaître le prix exact. Ils n'en ont pas la propriété : le bien n'est pas dans leur patrimoine : il est simplement affecté d'un droit réel à leur profit. Et, eussent-ils su, en refusant de surenchérir, la valeur de l'immeuble, il ne faudrait pas moins les déclarer recevables à intenter l'action rescisoire. La renonciation à cette action se présume difficilement. Un créancier peut n'être pas en état de surenchérir : peut-on lui faire un crime de sa pauvreté? Peut-être se reposait-il sur l'action rescisoire ouverte en faveur de son débiteur : faut-il, dans un cas semblable, le frapper d'une déchéance? La loi, qui établit au profit du vendeur lésé une présomption de détresse, établit par là même à la charge de l'acheteur qui le lèse une certaine présomption de fraude. « Il serait affreux, dit M. Portalis, qu'un acquéreur avide pût profiter de la misère d'un homme ou de son état de détresse, pour l'aider à consommer sa ruine, en cherchant à profiter de ses dépouilles. » Or, si la loi présume la déloyauté de l'acheteur, serait-ce entrer dans son esprit qu'admettre facilement la renonciation à une action réparatrice d'une telle injustice?

A plus forte raison, le vendeur n'est pas forclos de son action, par l'existence d'une procédure en surenchère, suivie à la requête d'un de ses créanciers hypothécaires qui trouve le prix de vente insuffisant. La cour de Poitiers (14 août 1833) a jugé, dans cette hypothèse, que le vendeur avait le droit de s'opposer à l'adjudication définitive et d'obtenir un sursis pour faire juger sa demande en rescision. Cette action, du reste, ne peut guère nuire aux créanciers hypothécaires. Est-elle rejetée? ils sont dans la même position que si elle n'avait pas été formée. Est-elle admise? Si l'acquéreur garde l'immeuble en se soumettant à compléter le juste prix, elle accroît leurs chances de collocation utile. De plus, elle a pour le vendeur un grand avantage. Elle le place en dehors des recours auxquels il est soumis, quand la surenchère aboutit à une éviction de l'acheteur ou que l'acheteur se rend adjudicataire.

S'il y a plusieurs covendeurs, l'art. 1685 nous renvoie, pour les règles à suivre, à celles qu'a tracées la loi dans la matière de la vente à réméré (Art. 1668, 1669, 1670). Il se peut que plusieurs aient vendu conjointement, c'est-à-dire avec les trois conditions réunies, d'un seul et même acte, d'un seul et même prix, d'absence de désignation de parts, un même fonds indivis entre eux. Si ces vendeurs ont été lésés, chacun ne peut exercer que pour sa part l'action en rescision. S'il pouvait l'exercer pour le tout, il profiterait d'un contrat fait par d'autres : ce qui est impossible. Il en est de même au cas où plusieurs héritiers ont succédé à un vendeur unique. Mais, est-ce à dire que l'un des vendeurs puisse obtenir, contre l'acheteur et malgré lui, une rescision partielle? En aucune façon. L'acheteur a voulu avoir la propriété complète. En obtenant le bien par une seule et même acquisition, il a pu légitimement compter le garder en entier ou le rendre en entier. Il peut donc se refuser au morcellement de l'héritage, et prétendre que la rescision n'aura pas lieu, ou qu'elle aura lieu pour le tout. Aussi, peut-il exiger que tous les vendeurs se concilient pour l'exercice unique d'une rescision totale. S'ils ne se concilient pas, la rescision ne s'exercera pas.

M. Troplong justifie cette décision de la loi. Le droit de rétention est indivisible, quoiqu'il s'applique à une chose divisible. Jusqu'à ce que la totalité du prix lui soit payée, le vendeur peut retenir la totalité de la chose. Par la même raison, l'acheteur, obligé de rendre la chose moyennant la reddition du prix qu'il a payé, ne doit-il pas pouvoir la retenir pour le tout, jusqu'à ce qu'il soit complétement désintéressé?

Mais si, de deux vendeurs, l'un refuse d'exercer pour sa part l'action rescisoire, l'autre peut-il, se substituant à lui, l'exercer pour le tout? L'art. 1670 paraît le nier quand il dit que, si les vendeurs ne se concilient pas, l'acheteur sera renvoyé de la demande. A s'attacher au texte de la loi, il semble nécessaire que tous les vendeurs tombent d'accord et fassent cause commune dans la demande en rescision. Il semble que la résistance de quelques-uns, étant un défaut de conciliation, va devenir une fin de non-recevoir contre ceux qui voudraient faire rescinder toute la vente.

L'injustice d'un pareil système est facile à concevoir. Déjà injustifiable quand il s'agit d'une vente à réméré, quoiqu'on n'ait rien à reprocher à l'acheteur, ce système devient une iniquité révoltante dans la vente entachée de lésion. L'acheteur est sous le coup d'une présomption de fraude. A quoi bon lui sacrifier les intérêts des vendeurs, par respect pour une prétention qui, ailleurs, serait un caprice, et qui, en présence d'un vendeur dans la détresse, est la seconde face d'une même mauvaise foi? Permettre à l'acheteur de repousser le vendeur dans tous les cas, quand on lui demande le tout parce qu'il peut ne rendre qu'une part, quand on lui demande une part parce qu'il peut ne rendre que le tout, n'est-ce pas proclamer le respect de la fraude et la sainteté des prétentions absurdes? Tout droit est divisible ou indivisible. S'il est divisible, chacun peut l'exercer pour partie. S'il est indivisible, chacun peut l'exercer pour le tout. Dire que nul ne peut l'exercer ni en partie, ni en totalité, c'est dire qu'il n'est ni divisible, ni indivisible. Quelle est, dès-lors, sa nature?

La prétention du vendeur est raisonnable et ne nuit pas à l'acheteur, puisqu'elle aboutit en définitive à ce qu'il désire : un retrait total. La prétention de l'acheteur ne lui procure aucun avantage et nuit au vendeur. C'est donc la première qu'il faut sanctionner : sanctionner la seconde, serait donner une prime à la fraude. Mon auteur vous a vendu pour 200,000 fr. un domaine qui vaut 1,000,000. En mourant, il a laissé dix héritiers, et nous nous apprêtons à faire rescinder une vente qui ne donne à chacun de nous que 20,000 fr., tandis qu'elle devrait donner 100,000 fr. à chacun. Si la loi permet à l'acheteur d'exiger que tous les vendeurs se concilient, s'il peut repousser l'un de nous qui viendrait lui offrir seul ce qu'il ne pourrait refuser à nous tous, que va-t-il arriver? Vous, acheteur, vous viendrez trouver celui de nous que vous saurez le plus malhonnête homme. Placé dans l'alternative de payer le domaine 200,000 fr. seulement, ou de le payer 1,000,000 de fr. moins un dixième, c'est-à-dire 900,000 fr., vous ferez un sacrifice. Vous proposerez à cet héritier vénal une prime de 100,000 fr. ou de 200,000 fr. : sans lui, vous en perdriez 700,000; et il s'opposera de toutes ses forces à la rescision de la vente. Il se refusera à toute conciliation, et rendra ainsi impossible l'exercice de l'action.

La loi n'a pas pu, en consacrant un pareil système, couvrir de telles ignominies ou prêter la main à de tels caprices. L'ancienne jurisprudence était décisive dans le sens que je sou‧tiens ; et jamais l'ambiguité qu'on peut reprocher aux expressions du Code, ne me fera admettre qu'il ait voulu s'écarter des idées de justice que professaient nos devanciers. Lorsque l'art. 1670 force les covendeurs à délibérer sur la rescision totale de la vente, il ne leur demande qu'une chose : prendre parti sur la reprise totale de l'héritage, et sur les moyens de convertir en une action pour le tout, l'action partielle qui appartient à chacun d'eux. Les termes de l'art. 1670 le font as‧sez entendre : ils doivent se concilier pour la reprise de l'héri‧tage entier.

Après cela, peu importent les moyens par lesquels on arrivera à cette rescision totale. Peu importe que chacun additionne sa part d'action avec celle de son covendeur et qu'il y ait ainsi, pour ainsi dire, coalition de tous les droits, ou que, sur le refus de quelques-uns, les autres prennent à leur charge tout le fardeau de l'action. Une volonté est sortie du débat, et la rescision totale l'a emporté sur le fractionnement de l'ac‧tion. Cette opinion se fortifie de l'art. 1671-2°, qui, prévoyant le cas où le retrait partiel est possible, dit que l'acheteur ne pourra pas alors forcer celui des covendeurs qui l'exerce à retirer le tout.

Je donnerais donc à l'acheteur une option. S'il s'oppose à ce qu'un des vendeurs obtienne seul la rescision pour le tout, il l'autorise par là-même à l'obtenir pour partie. S'il l'empêche de l'obtenir pour partie, il lui donne le droit de l'obtenir pour le tout. L'acheteur peut, dans cette circonstance, éviter à son gré soit une rescision totale, soit une rescision partielle : il ne peut se soustraire à l'une et à l'autre. Le devoir de choisir l'un de ces partis, implique défense de les repousser tous deux. Dès qu'on lui laisse le choix, la loi est satisfaite, et le vendeur qui veut user d'un droit ne peut être tenu en échec par le mauvais vouloir de son acheteur et de ses covendeurs.

La vente peut n'avoir pas été faite conjointement. Quand elle est faite par plusieurs actes, ou quand, dans un seul acte, chacun des copropriétaires a stipulé un prix distinct pour la portion qui lui appartient, la chose est vendue séparément. (Art. 1671.) L'acheteur ne peut avoir les mêmes exigences. Il y a autant de ventes différentes qu'il y a de parts différentes. Les vendeurs ne sont unis par aucun lien commun : si l'on retire à l'acheteur une part en lui laissant les autres, il ne peut s'en étonner. Il ne peut dire qu'il a acquis la chose comme un tout homogène, pour la posséder entière ou la perdre entière. En achetant par fractions, il s'est soumis à subir des rescisions diverses de ses divers vendeurs. Chacun d'eux peut donc, sans s'occuper de ce que feront les autres, demander seul la rescision pour sa part. Comme il y a eu plusieurs contrats, plusieurs rescisions sont possibles. Après la première, l'acheteur retombera dans l'indivision. Mais, lui-même s'y était mis par la première vente : il ne peut s'en plaindre.

L'action en rescision peut être exercée, non-seulement contre l'acheteur, mais contre tout détenteur de l'immeuble. Quand Primus vend avec lésion de plus des sept douzièmes un immeuble à Secundus, qui le revend à Tertius, Primus peut obtenir la rescision contre Tertius. Tertius, évincé, recourra contre Secundus qui lui a vendu. (Art. 1681.) Ce recours peut étonner au premier abord : l'éviction n'était-elle pas prévue? Tertius n'a-t-il pas dû examiner le titre de propriété de Secundus et se rendre compte de la lésion? Il a dû le faire. Mais, en connaissant la lésion, il a pu croire que Secundus s'arrangerait de façon à empêcher l'action rescisoire.

Le vendeur primitif peut-il agir par action directe contre le détenteur? Sans s'occuper de Secundus, Primus peut-il attaquer Tertius, comme si Tertius avait traité avec lui? Des auteurs l'ont pensé. La pratique des actions, ont-ils dit, ne doit pas souffrir tant de subtilités. Donnons au vendeur une action réelle. On peut facilement feindre que celui-là est déjà propriétaire, qui est sur le point d'être déclaré tel.

L'opinion contraire me semble plus rationnelle. Avant d'attaquer Tertius, Primus doit s'adresser à Secundus. Quelle qualité aurait pour répondre à l'action, un tiers étranger à la première vente qu'il faut, avant tout, rescinder? N'est-elle pas, à ses yeux, *res inter alios acta?* Ignorant les clauses du contrat, il n'a en main ni les moyens de les expliquer, ni ceux de combattre les prétentions du demandeur. Peut-être le prix a-t-il été dissimulé à dessein pour éviter des droits d'enregistrement. Peut-être une contre-lettre, ignorée de Tertius, prouve-t-elle que le vendeur qui se plaint aujoui ''hui, a reçu le juste prix. Peut-être est-il intervenu une renonciation valable qui crée une fin de non-recevoir. Peut-être enfin une transaction a-t-elle couvert le vice de lésion. Tertius ignore tout cela : si, répondant à l'action, il y succombe, n'y aura-t-il là rien d'injuste?

On objecte que ce sera à Tertius, directement assigné, à mettre Secundus en cause, afin qu'il vienne défendre ses droits. N'est-il pas plus logique que Primus commence par diriger son action contre son propre acheteur, puisque son propre acheteur est l'obligé personnel et peut seul répondre à la demande? Primus a contre lui un titre qui lui ôte la qualité de propriétaire. La présomption est due à ce titre : jusqu'à ce qu'il l'ait fait rescinder, aucune action réelle ne lui est ouverte. Faire de Primus dès aujourd'hui un propriétaire présumé, c'est décider par avance et sans preuve ce qui est en question. Tout ce que peut faire Primus, c'est d'appeler devant le même tribunal Secundus et Tertius, afin qu'un même jugement prononce à la fois et la rescision et la dépossession. Encore, est-il plus régulier d'agir d'abord contre Secundus, seul obligé personnel ; car, s'il parfait le juste prix moins un dixième, Tertius ne s'apercevra même pas de l'instance. Pourquoi le demandeur l'assignerait-il à comparaître? On ne sait pas encore s'il y aura lieu d'exiger de lui la restitution de l'immeuble.

Si l'acheteur meurt sans avoir revendu et laisse plusieurs héritiers, il faut distinguer trois hypothèses (art. 1672). Si les héritiers n'ont pas encore partagé l'immeuble, le vendeur actionne chacun dans la mesure de sa part héréditaire. Si le bien est partagé et que chacun, dans son lot, en ait une fraction, le vendeur actionne chacun pour la part qui lui est échue. Si le fonds est tombé tout entier dans le lot de l'un d'eux, l'action peut être exercée pour le tout contre l'héritier qui le détient. Il y a, dans ce dernier cas, indivisibilité de l'obligation : la dette est d'un corps certain qui se trouve dans le lot de l'un des héritiers (art. 1221). Comme l'éviction était prévue, l'héritier actionné n'a pas de recours contre les autres : c'est le vendeur, en lui rendant le prix, qui lui fournit l'indemnité.

La loi a prévu le cas de plusieurs vendeurs conjoints ou non conjoints : elle ne parle pas du cas où il y a plusieurs acheteurs. Si les acheteurs n'ont pas acheté conjointement, s'il a été vendu à chacun une part distincte pour un prix distinct, le vendeur lésé, qui ne peut agir contre chaque acheteur que pour sa part, est libre de demander la rescision contre un seul, sans la demander contre les autres. Celui auquel il s'adresse ne peut exiger que la rescision se fasse pour le tout. Mais, si les acheteurs ont acheté conjointement, faut-il, par analogie de l'art. 1670, dire que l'un d'entre eux, actionné pour sa part, peut se refuser à défendre à une rescision partielle et exiger une rescision totale ? Oui, si l'immeuble a été acquis pour être conservé en commun par les acheteurs : non, s'ils l'ont acheté pour le partager.

NATURE DE L'ACTION EN RESCISION ET TRIBUNAL
COMPÉTENT.

On peut envisager à plusieurs points de vue la nature de l'action en rescision. Nous avons vu déjà qu'elle n'est pas exclusivement attachée à la personne, et qu'en conséquence l'art. 1166-2° n'ôte pas aux créanciers du vendeur le droit de l'exercer. Nous avons vu aussi qu'elle peut être cédée à un tiers, qui l'intentera aux lieu et place de son cédant. Nous allons examiner maintenant si elle est divisible ou indivisible, de statut personnel ou de statut réel, mobilière ou immobilière, personnelle, réelle ou mixte.

L'action en rescision est divisible tant activement que passivement, c'est-à-dire soit quant au vendeur qui l'intente, soit quant à l'acheteur qui la subit. La divisibilité est intellectuelle. C'est ainsi que, dans le cas de plusieurs vendeurs ou de plusieurs cohéritiers d'un même vendeur, chacun ne peut agir que pour sa part. Réciproquement, si l'acheteur est mort laissant plusieurs héritiers, chacun ne peut être poursuivi que pour sa part : si ce n'est au cas unique où l'un des héritiers a, dans son lot, la totalité de l'immeuble vendu. Du même principe résulte une autre conséquence : c'est que l'action, étant divisible, peut être conservée contre un des héritiers de l'acheteur et éteinte à l'égard de l'autre.

Mais, à côté du principe que l'action en rescision est divisible, il en est un autre qui vient le tempérer. C'est que la propriété qu'a acquise l'acheteur ne peut être morcelée contre sa volonté. Ce serait violer la foi de la convention, que lui laisser en main un tronçon de propriété, quand il a acheté une propriété complète : il a donc le droit d'abandonner le tout à celui qui veut lui reprendre une partie. Nous avons vu comment se combinent ces deux idées, en apparence contradictoires, comment elles se concilient l'une l'autre, et comment, après avoir laissé à chacune sa part légitime d'application, on arrive à une solution équitable et qui donne satisfaction à tous les intérêts.

L'action rescisoire est de statut réel. Comme elle découle de l'équité naturelle, qui est de tous les temps et de tous les lieux, rien n'empêche qu'elle ne soit exercée par un étranger qu'un Français aurait lésé dans la vente d'un immeuble. C'est ce que le Parlement de Paris avait décidé le 18 juillet 1616, en faveur d'un vendeur allemand contre un français.

L'action dont il s'agit a pour objet de faire prononcer l'anéantissement d'un contrat et d'obtenir la restitution d'un héritage : il en résulte qu'elle est immobilière. *Actio immobilis est*, disait Dumoulin, *quæ tendit ad immobile*. Il en est ainsi, bien que l'acheteur puisse garder l'immeuble, et que rien ne le contraigne à le rendre, s'il consent à compléter le juste prix sous la déduction d'un dixième. C'est donc à tort que la cour de Cassation a deux fois déclaré que l'action était mobilière, et qu'elle avait pour but direct le supplément du juste prix. (Rej., 23 prairial an XII ; rej., 14 mai 1806.) Elle a pris le contre pied de la vérité. Loin qu'il faille dire que la fin de l'action est le complément du juste prix et que la restitution de l'immeuble n'est qu'une planche de salut offerte pour s'y soustraire, c'est la restitution de l'immeuble qui est *in obligatione* : c'est le complément du juste prix qui est *in facultate solutionis*. A l'autorité de la cour suprême, j'opposerai celle du même Dumoulin, qui disait : « *Sola rescisio et restitutio est in obligatione ; suppletio autem pretii in facultate : quæ non est in consideratione.* »

L'action en rescision ne peut donc être qu'immobilière : il faut tirer de là plusieurs conséquences. Elle reste propre à l'époux qui était propriétaire de l'immeuble. Si, poursuivi par lui, l'acheteur fournit le supplément, la communauté qui en profite en doit récompense à l'époux. S'il opte pour la restitution de l'immeuble, l'époux vendeur doit récompense à la communauté, des sommes qu'il a tirées d'elle pour la restitution du prix. Activement elle ne tombe pas dans la communauté : passivement elle n'y tombe pas davantage. Si nous supposons l'un des époux, non plus vendeur, mais acheteur, et si nous supposons que, sur la poursuite du vendeur lésé, il paie, des deniers de la communauté, le supplément du juste prix, il doit récompense. Réciproquement, récompense lui est dûe s'il rend l'immeuble qu'il avait acheté en propre : il reçoit en retour le prix qu'il avait payé, et ce prix va tomber dans la communauté.

Si l'action en rescision appartient à la femme, elle ne peut être exercée par le mari seul. (Art. 1428.) Il ne peut exercer seul que les actions mobilières et possessoires. Si l'action fait partie d'une succession échue à un mineur ou à un interdit, le tuteur a besoin, pour l'intenter, de l'autorisation préalable du conseil de famille. (Art. 464.) Ces conséquences découlent de son caractère immobilier. Mais, ce serait exagérer les ré-sultats de ce caractère, que déclarer, comme on l'a fait, l'ac-tion rescisoire susceptible d'hypothèque. Une action, incertaine dans son issue, n'est pas pour l'hypothèque une base solide. L'hypothèque mène à l'expropriation : comment vendre un droit litigieux? où trouver des acquéreurs? où trouver un prix sérieux? Comment les créanciers hypothécaires exerce-raient-ils le droit de surenchère? Cette action étant cessible, comment le cessionnaire en purgerait-il les hypothèques? Tout ce que le vendeur peut faire, c'est d'hypothéquer l'im-meuble, objet de l'action ; et l'hypothèque sera stérile ou efficace selon que, par l'effet de cette action, l'immeuble rentrera ou ne rentrera pas dans le patrimoine de son vendeur.

Quand j'ai dit que l'action en rescision était immobilière, je n'ai pas dit qu'elle était réelle. Ce sont deux expressions trop souvent confondues. Loin d'être synonymes, elles rap-pellent deux idées fort différentes. Quand on dit qu'une action est personnelle ou réelle, on envisage le principe pro-ducteur de cette action. Quand on dit qu'elle est mobilière ou immobilière, on envisage le but auquel elle tend. Dans le premier cas, on considère l'idée génératrice de la prétention du demandeur : on cherche sur quoi il se fonde pour établir son droit. Dans le second cas, on regarde la nature de l'objet que le demandeur réclame, et ce que l'action, si elle réussit, doit mettre dans son patrimoine. Le demandeur prétend-il que je suis obligé envers lui ? son action est personnelle. Prétend-il que telle chose lui appartient ? son action est réelle. Réciproquement, réclame-t-il un meuble ? l'action est mobilière : réclame-t-il un immeuble ? elle est immobilière. On a dit spirituellement qu'en qualifiant une action de personnelle ou de réelle, on songeait au port d'embarquement ; qu'en la qualifiant de mobilière ou d'immobilière on songeait au port du désarmement. On envisage en effet, dans le premier cas le point de départ, dans le second cas le point d'arrivée. On envisage, dans le premier cas, *id quod intendit actor*, les motifs qu'il donne : dans le second, *id quod obtinebit*, c'est-à-dire le dispositif du jugement. Ces deux classifications si différentes sont en quelque sorte parallèles : toutes les actions rentrent dans chacune d'elles. Toute action mobilière et toute action immobilière est ou personnelle ou réelle. Toute action personnelle et toute action réelle est ou mobilière ou immobilière.

Nous avons parlé de l'objet de l'action et déclaré qu'à ce point de vue elle était immobilière. Il nous reste à parler de ce qu'on a appelé son acte de naissance : est-elle personnelle ou réelle ? Personnelle en droit romain, elle devint réelle dans notre ancienne jurisprudence, où la rescision résultait de lettres royaux. Le juge, saisi de ces lettres, examinait la cause. Si la demande était fondée, il les entérinait par un jugement qu'on appelait le rescindant. Le rescindant était la levée de l'obstacle qui empêchait le demandeur d'agir : il le rétablissait dans l'état où il était avant le contrat. Mais, le rescindant obtenu, l'acte primitif effacé et ses conséquences évanouies, tout n'était pas fini. Le rescisoire était l'exécution du rescindant. Par lui, le vendeur se constituait demandeur

contre le détenteur des choses aliénées et concluait à la restitution. Personnelle dans le rescindant qu'il exerçait contre l'a-
cheteur, l'action était réelle dans le rescisoire, qu'il exerçait
contre le tiers-détenteur.

La loi du 7 septembre 1790 abolit les lettres de rescision.
Les restitutions dès lors se demandèrent dans la forme ordinaire. Mais, l'action, en changeant de procédure, n'a pas
changé de caractère.

Quand, vendeur lésé, je m'adresse à mon acheteur qui a
cessé de posséder, mon action est personnelle. Je soutiens
qu'il est obligé personnellement, en raison de la villté du prix,
à subir la rescision du contrat. — Quand, l'acheteur ainsi
actionné, j'actionne le détenteur, mon action est réelle. Je
revendique entre ses mains l'immeuble, dont le jugement
qui prononce la nullité de la vente m'a rendu la propriété.
L'action est encore en partie réelle, quand je m'adresse
à celui des héritiers de l'acheteur qui, par l'événement du
partage, a obtenu dans son lot l'immeuble tout entier.
— Quand c'est l'acheteur qui possède, il semble difficile
de nier que l'action devienne mixte. Par action mixte en
effet, l'art. 59 (C. Proc.) entend celle qui réunit en elle l'élément personnel à l'élément réel, et qui suppose chez le demandeur, relativement au même objet, et un droit de propriété et un droit de créance. La question cependant est l'objet
de vives controverses.

On objecte à notre système que cette action n'est pas mixte
dans le même sens que celles que l'on a coutume d'appeler
mixtes. Dans les actions en partage et en bornage, les deux
caractères de réalité et de personnalité sont éclatants et inséparables. L'action ne peut se mettre en mouvement sans présenter leur union indissoluble. Dans l'action en rescision au
contraire, les deux caractères sont juxtaposés, et non confondus. Ils n'y sont en réserve que pour des cas différents.
Mixte à l'état de repos, l'action cesse de l'être quand elle est
en exercice. Suit-elle un tiers-détenteur ? elle est réelle. Suit-

ello l'acheteur? elle est personnelle. Elle change de nature, quand changent les circonstances ; et, selon qu'on se trouve dans tel ou tel cas, elle revêt tel ou tel caractère.

Quelque spécieux que soient ces arguments, il faut les rejeter. Le rescindant et le rescisoire étant unis dans la même action, il est évident que les deux caractères de personnalité et de réalité y sont unis. Si le rescindant qui ouvre le débat le porte sur une question personnelle, le rescisoire qui le termine le porte sur une question réelle. L'action naît d'une obligation : mais, elle aboutit aux conclusions d'une revendication. Personnelle à son point de départ, comme elle a pour résultat la nullité rétroactive de la vente, elle permet au demandeur de revendiquer la chose dont il est censé être resté propriétaire. L'action personnelle n'est que le prélude de la revendication qui constitue la fin du litige. Cette double prétention est tranchée par un jugement unique. Ou le mélange de personnalité et de réalité se trouve là : ou il ne se trouve nulle part. Ou l'action qui nous occupe est mixte : ou aucune autre ne mérite ce nom.

Il est facile maintenant d'appliquer aux cas divers les règles diverses de compétence que trace l'art. 59, § 1, 2, 3, 4, proc. Le vendeur s'adresse-t-il à l'acheteur encore détenteur de la chose? Deux tribunaux sont compétents : celui du domicile du défendeur, celui de la situation du bien. L'action est mixte. Poursuit-il contre lui la simple résolution du contrat, sans la revendication du bien qu'il sait aux mains d'un tiers? Il saisira le tribunal du domicile de l'acheteur. L'action est personnelle. Actionne-t-il séparément le tiers-acquéreur? Le tribunal de la situation de l'immeuble devra prononcer. L'action est réelle. Si, dans ce cas de rétrocession, l'acheteur et le tiers sont compris tous deux dans la même instance, le vendeur peut encore, vu la connexité des demandes, choisir entre les deux tribunaux celui qu'il saisira.

DES FINS DE NON-RECEVOIR CONTRE L'ACTION EN RESCISION DE LA VENTE POUR LÉSION.

L'acheteur poursuivi peut, dans certains cas, objecter soit la renonciation du vendeur à intenter l'action, soit la prescription, soit la perte de la chose. Tous ces moyens soulèvent des questions délicates : nous allons examiner chacun d'eux en détail.

—

§ Ier.

Renonciation du vendeur à l'action.

Le vendeur ne peut d'avance renoncer par le contrat au droit de demander la rescision (Art. 1674). C'est une protection que la loi lui accorde : comme les autres mesures protectrices des majeurs, elle est presque d'ordre public. C'est ainsi que le débiteur qui a donné un gage, ne peut renoncer au bénéfice de l'art. 2078, qui annule toute clause attribuant de plein droit le gage aux créanciers non payés à l'échéance. C'est ainsi que les pactes sur successions futures sont interdits, quand même celui sur la succession duquel on pactise renoncerait à une loi introduite en sa faveur. C'est ainsi que l'emprunteur ne peut renoncer à la disposition qui défend d'exiger de lui un intérêt supérieur à l'intérêt légal. C'est ainsi enfin qu'un débiteur ne peut renoncer au principe qui lui défend de se soumettre à la contrainte par corps hors des cas que la loi détermine.

Rien n'est plus sage que ces précautions. Il est des cas où, pour mieux atteindre le but, il faut le dépasser. Le besoin impérieux qui pousse le vendeur à céder son bien à vil prix, le pousserait de même à abdiquer dans le contrat, si on le lui demandait, le droit de faire rescinder la convention (Art. 1674). Toute renonciation faite dans le contrat même est donc nulle.

« Un tel pacte, dit M. Portalis, serait contraire aux bonnes
mœurs; il ne serait souvent que le fruit du dol et des pratiques
d'un acquéreur injuste, qui arracherait cette sorte de désiste-
ment prématuré à l'infortune et à la misère. De plus, autoriser dans les contrats de vente la renonciation à l'action rescisoire, c'eût été détruire cette action. Tout acquéreur eût
exigé cette clause, et la loi n'eût prêté qu'un secours impuissant et illusoire au malheureux et à l'opprimé. » La nullité
de la renonciation est si puissante, qu'elle entraîne la nullité
de la garantie ou du cautionnement qui y sont attachés (Pau,
12 janvier 1826).

Telle était aussi l'ancienne jurisprudence. Elle relevait le
vendeur de toutes ses renonciations, même faites avec ser-
ment. Pour éluder cette équitable disposition, quelques interprètes imaginèrent d'insérer dans le contrat une autre clause.
Le vendeur y déclarait que, connaissant très-bien la valeur de
l'héritage, il donnait à l'acheteur la plus-value. Un homme
qui contracte en pleine liberté fait rarement de tels sacrifices.
C'est donc sagement que le code refuse toute valeur à cette
renonciation déguisée (Art. 1674).

Ce n'est pas que la loi interdise de faire un acte mélangé
de vente et de donation. Il y aura toujours une question de
fait que les tribunaux apprécieront. Si les parties ont voulu
frauder la loi, la clause sera nulle. Si leur intention a été sérieuse, la jurisprudence veut qu'on respecte cette donation
indirecte. Mais la doctrine, avec plus de raison, voit là une
donation avec charges, faite sans les formes prescrites pour la
donation : il faut donc la déclarer nulle.

Quand la loi frappe expressément de nullité la renonciation
contemporaine au contrat, elle ne valide pas par là-même
toute renonciation postérieure. Mais, la première est toujours
nulle : la seconde est tantôt nulle, tantôt valable. Si l'on est
déjà loin des circonstances qui ont dominé le contrat, si le
prix a été payé, et si le vendeur, en pleine liberté d'esprit,
maître d'attaquer la vente, veut la ratifier, la renonciation est

valable. Si, au contraire, elle réunit ces deux circonstances, d'être faite d'une part gratuitement ou pour une somme qui, jointe au prix de vente, n'atteint pas les cinq douzièmes de la valeur du bien, d'intervenir d'autre part à un moment où le vendeur n'a pas encore touché son prix, la nullité n'est pas douteuse. Dans tous les cas, cette renonciation postérieure à la vente doit, comme tout acte de confirmation, contenir la substance du contrat, mentionner le motif de l'action en rescision, et déclarer l'intention de réparer le vice sur lequel elle était fondée. (Art. 1338.)

La délivrance de l'immeuble et la réception du prix ne sont pas une fin de non-recevoir. Cette opinion a été contestée. Ce sont là des actes d'exécution volontaire dans le sens de l'art. 1338. Mais, si l'on admet que toute notre matière est dominée par la présomption que le vendeur a cédé à la pression de la misère, le vendeur n'a pu perdre l'action, quand il a reçu le prix. De même, l'art. 1681 autorise la rescision contre le tiers-acquéreur : le vendeur n'a donc pas davantage perdu son action en délivrant l'immeuble.

§ II.

Prescription.

Si, dans un acte volontaire d'exécution, la loi ne voit pas de confirmation tacite, elle en voit une dans la prescription. L'art. 1115 dit qu'on ne peut plus attaquer les contrats entachés d'un vice, s'ils ont été approuvés, soit expressément, soit tacitement, soit en laissant passer le temps fixé par la loi pour la restitution. Lors donc que le vendeur laisse prescrire son action, il y a de sa part approbation de la vente.

L'action se prescrit par deux ans. (Art. 1676.) L'ancienne jurisprudence la déclarait recevable pendant dix ans, et la prescription ne courait ni pendant la minorité de l'héritier du vendeur, ni pendant le temps stipulé pour exercer le retrait

conventionnel. Le code se proposa de corriger cet état de
choses : il faisait peser sur la propriété de fâcheuses incerti-
tudes. Il est vrai que les actions rescisoires pour cause de
dol, de violence et d'erreur, présentent le même danger : cependant, elles durent dix ans. Si la loi se montre ici plus sou-
cieuse de la stabilité de la propriété, c'est que la rescision
pour lésion trouvait de nombreux adversaires. Pour leur faire
admettre le principe, il fallut souvent fléchir dans le détail.
C'est une concession qu'on leur fit.

Les deux ans courent du jour de la vente. Au contraire,
quand la nullité se fonde sur l'erreur, le dol ou la violence,
les délais ne commencent qu'au jour où ces vices ont cessé.
Quand la minorité est la cause de rescision, la prescription ne
court qu'à la majorité.

Le jour de la vente n'entre pas dans le calcul : *dies a quo
non computatur in termino*, et le dernier jour des deux ans
est utile pour intenter l'action. Si la vente est faite sous seing
privé, et qu'ensuite on la revête de la forme authentique, les
deux ans partent de la première vente. Elle se suffit à elle-
même : elle réunit les caractères qui rendent une vente parfaite. Mais, si les parties ont voulu subordonner l'existence
même de la vente à la confection de l'acte notarié, l'acte notarié est le point de départ de la prescription.

Si nous supposons, non plus une vente, mais une promesse
synallagmatique de vendre et d'acheter, le délai court du jour
de la promesse. Puisque cette promesse vaut vente, la vente
est parfaite dès qu'elle est intervenue (art. 1589). Si l'on accepte sur cette question un autre système, si l'on admet que
la promesse de vente n'oblige qu'à réaliser la convention, il
faut encore décider la même chose. Pourquoi forcer le vendeur à exécuter son obligation, pourquoi exiger qu'il passe
le contrat, pour lui mettre aussitôt en main le droit de le faire
rescinder? Lésé de plus des sept douzièmes, il peut agir du
jour de la promesse : du jour de la promesse il faut donc
faire partir la prescription qui courra contre lui.

S'il n'est intervenu qu'une promesse unilatérale de vendre, faut-il dire la même chose ? Il ne s'agit pas là d'une simple pollicitation, qui n'engage pas son auteur. Il s'agit d'une promesse véritable, faite par le vendeur, acceptée par l'acheteur. Seulement, l'acheteur, quand il en prenait acte, s'est réservé sa liberté d'agir et n'a pas fait de promesse corrélative. Le premier s'est engagé à vendre ; le second ne s'est pas engagé à acheter.

L'opinion générale est qu'une telle promesse ne transporte pas la propriété. Elle ne sera transférée que par l'exécution volontaire que consentira le vendeur, ou par l'exécution forcée qu'ordonnera le tribunal. S'il en est ainsi, si l'exécution ne rétroagit pas, si l'obligation unilatérale du vendeur ne devient contrat synallagmatique que le jour où l'acquéreur donne son consentement, si la promesse n'est jusque-là qu'une pierre d'attente, la prescription ne court que du jour où le contrat se trouve ainsi parfait. Mais, cette opinion est contestable. Quand j'ai offert de vous vendre mon bien, et que vous avez pris acte de cette offre, ma promesse vous a rendu propriétaire. Je vous ai fait une vente conditionnelle. Je vous ai consenti le transport de la propriété, sous la condition suspensive de votre acceptation ultérieure. Quand cette adhésion viendra, elle ne créera pas la convention : elle ne fera que la confirmer. Elle résoudra tous les droits que j'aurai consentis dans l'intervalle. En effet, ce qui transporte chez nous la propriété, ce n'est pas seulement la vente : c'est toute obligation de donner un corps certain, consentie par le propriétaire. Dire que le contrat ne se forme que par l'acceptation de l'acheteur, c'est confondre deux règles : celle que la propriété se transfère par le seul consentement, et celle qu'elle se transfère par la vente. C'est donc à l'origine du contrat, c'est à la promesse du vendeur qu'il faut remonter pour faire courir le délai de deux ans.

« La prescription, dit l'art. 1677, n'est pas suspendue pendant la durée de temps stipulé pour le pacte de rachat. »

Par cette disposition, le code a tranché une controverse de l'ancienne jurisprudence. Quand vous avez vendu à réméré et que vous avez éprouvé une lésion de plus des sept douzièmes, deux actions vous sont données pour revenir sur la vente : l'action en réméré, l'action en rescision pour lésion. Mais à quoi peut servir cette dernière ? A quoi bon présenter une requête, nommer des experts et recourir à une estimation ? N'est-il pas plus simple d'exercer le réméré ?

Le réméré a, en effet, ses avantages sur l'action en rescision. Il peut durer plus longtemps : il s'exerce plus facilement que la rescision ne s'obtient. Celui qui use de la faculté de rachat est sûr d'obtenir la chose même. Il n'a pas à craindre que l'acheteur, pour garder un bien dont une circonstance fortuite a peut-être doublé la valeur, se contente de fournir au vendeur le supplément du juste prix sous la déduction d'un dixième. Mais, il y a des cas où l'action en rescision est meilleure. Le délai du réméré n'est pas toujours de cinq ans : souvent, il sera moindre que celui de l'action rescisoire. Le premier moyen expiré, le vendeur n'a plus que le second. Si l'on suppose le même délai assigné à l'exercice de cette double action, l'action rescisoire a encore ses avantages. Le vendeur qui l'exerce ne rembourse pas à l'acheteur les frais et loyaux coûts de son contrat, c'est-à-dire souvent 10 pour 100 environ de la valeur du bien. Au contraire, en usant du pacte de rachat, le vendeur doit rendre son acheteur indemne.

« Le délai court, dit l'art. 1677, contre les femmes mariées, et contre les absents, les interdits et les mineurs venant du chef d'un majeur qui a vendu. » En parlant de l'interdit, la loi suppose soit qu'il a vendu avant son interdiction, soit qu'il vient du chef et comme successeur d'un vendeur capable. Pendant l'interdiction, la vente de ses biens est, ou nulle de droit en vertu de l'art. 502 s'il a vendu lui-même, ou inattaquable en vertu de l'art. 1684 si elle a été accompagnée des formalités de justice. Si l'aliéné a vendu lui-même avant l'interdiction, mais à une époque où déjà la folie était notoire, la nullité peut être prononcée (Art. 503.). Mais, elle a dès lors pour motif la démence du vendeur : elle ne se prescrit que par dix ans (Art. 1304.).

Quand la loi parle du mineur, elle suppose qu'il a l'action du chef d'un majeur. Si le bien du mineur a été vendu, la vente a été faite ou par le mineur lui-même et sans formalités, ou par le tuteur avec les formalités requises. Dans le premier cas, le mineur peut faire rescinder l'acte sans alléguer aucune lésion : il est nul en la forme. Dans le second cas, la rescision n'est pas possible : la vente ne pouvait être faite que d'autorité de justice (Art. 1684.).

Si l'action qui appartient au mineur ou à l'interdit n'est pas exercée en temps utile, ils ont un recours contre qui de droit (Art. 1663.).

La loi dit une chose inutile, quand elle déclare que la prescription court ici contre les absents et les femmes mariées. C'est le droit commun : nulle prescription n'est suspendue en leur faveur. Peut-être même, était-il inutile de parler des mineurs et des interdits : les prescriptions qui ne dépassent pas cinq ans courent contre eux comme s'ils étaient capables.

§ III.

Perte de la chose vendue.

Il se peut que la chose vendue à vil prix ait entièrement péri sans la faute de l'acheteur. C'est par exemple une prairie placée sur le bord d'un fleuve, et qui disparaît sous les flots. Comme la seule obligation que pût faire naître la rescision admise, celle de restituer l'immeuble, se trouve désormais impossible, le vendeur n'a plus d'action : il n'a plus d'intérêt à en avoir. Mais, si la chose a péri par la faute de l'acheteur, il en est autrement. Le vendeur a intérêt alors à faire constater les faits. Il obtiendra par là réparation du préjudice que lui cause une faute, qui rend impossible la restitution du bien.

Si mon acheteur revend mon immeuble plus qu'il ne me l'a acheté, et qu'ensuite sans sa faute l'immeuble vienne à périr, je retrouve un intérêt : retrouverai-je une action ? En faisant prononcer la rescision, je ferais admettre que le bien m'a toujours appartenu, que l'acheteur en l'aliénant a aliéné la chose d'autrui, et que le prix doit profiter à moi, et non à celui qui m'a lésé. L'affirmative trouve des partisans. Mais le vendeur, à mon sens, ne pourrait raisonner ainsi qu'après la rescision prononcée : or, il ne peut pas même la demander. Il ne pourrait conclure qu'à la restitution de son bien, et, le bien n'existant plus, la restitution est impossible. On objecte que l'action en rescision a pour objet immédiat, non la restitution de l'immeuble, mais la nullité de la vente. Comme conséquence seulement de cette nullité, le vendeur poursuit, selon les cas, soit la restitution de l'immeuble si l'immeuble existe encore, soit le supplément du juste prix si l'acheteur veut garder le bien. Si l'obligation de l'acheteur condamné était alternative et non facultative, si le vendeur pouvait, à son choix, exiger de lui ou la chose même ou le supplément du juste prix, cette doctrine serait exacte. Mais s'il est vrai que l'acheteur ne doit qu'une chose, que l'immeuble seul est pour lui *in obligatione*, il est clair que, l'immeuble périssant, son obligation, faute d'objet, est éteinte.

DU TAUX DE LA LÉSION.

« Si la moindre lésion, disait M. Portalis, suffisait pour résoudre la vente, il y aurait parmi les hommes presque autant de procès qu'il se fait d'acquisitions. C'est pour éviter cet inconvénient général que les lois Romaines ont cru devoir fermer les yeux sur quelques inconvénients particuliers, et prendre une sorte de milieu entre les règles d'une justice trop exacte et les spéculations odieuses de la cupidité humaine.

Ces lois avaient en conséquence abandonné à la liberté du commerce tout l'espace qui est entre le juste prix et la lésion d'outre-moitié de ce juste prix : espace dans lequel le vendeur et l'acheteur avaient la faculté de se jouer. Dans le nouveau projet de loi, nous allons plus loin que les législateurs romains : nous exigeons que la lésion excède les sept douzièmes du juste prix. Mais, il faut convenir que, quand une lésion aussi énorme est constatée, on ne pourrait la tolérer sans renoncer à toute justice naturelle et civile. »

Ainsi, le vendeur doit avoir touché moins des cinq douzièmes de la valeur du bien qu'il a vendu. Si la chose vaut douze, il faut qu'il ait reçu moins de cinq. Ceux qui avaient combattu l'action rescisoire, essayèrent ici encore d'en restreindre l'application. Ils proposèrent d'exiger une lésion des deux tiers ; mais, le conseil d'Etat adopta le projet. On avait repoussé le chiffre de l'ancienne jurisprudence, « parce que, dit M. Tronchet, c'était établir une règle trop incertaine que de se borner à la moitié. La différence la plus légère, ne fût-elle que d'un franc, aurait emporté la balance.» La raison donnée est étrange. Le même résultat est inévitable, toutes les fois que la loi établit un maximum ou un minimum. Quelque chiffre que l'on fixe, il suffira toujours d'un franc de différence pour qu'on y rentre ou qu'on en sorte. Aussi, est-il digne d'étonnement de voir M. Tronchet, le plus remarquable sans contredit des jurisconsultes qui ont rédigé le code, justifier la loi par un motif si plaisant, et toute une illustre assemblée écouter la justification avec une gravité digne d'une meilleure cause.

Pour savoir s'il y a lésion, il faut fixer la valeur réelle du bien vendu. Les adversaires de la rescision niaient qu'il y eût un juste prix, qui pût servir de terme de comparaison pour apprécier le préjudice éprouvé par l'acheteur. « Le prix n'est connu que par la convention même, disait M. Berlier au conseil d'Etat. C'est elle qui le constitue et il ne faut pas le chercher ailleurs. » C'était soutenir un paradoxe et donner un démenti à la conscience de tous les hommes. Il n'est personne qui ne soit convaincu qu'il y a un prix autre que le prix conventionnel, un prix qui s'établit en comparant la totalité des offres à la totalité des demandes, une valeur courante et commune indépendante des convenances et des affections particulières. C'est le type auquel l'esprit ramène, pour l'apprécier, le prix porté dans les contrats, comme le droit naturel est le type auquel l'esprit ramène, pour les juger, les dispositions du droit positif. Le juste prix, c'est, disait Pothier, le prix moyen. C'est, disait M. Portalis, le résultat équitable et indélibéré de toutes les volontés et de tous les intérêts. Et il ajoutait : « Le prix conventionnel n'existe que par le fait même de la convention : il ne peut être que le résultat des rapports singuliers qui rapprochent les contractants. Le juste prix est déterminé par des rapports plus étendus, qui ne tiennent pas uniquement à la situation particulière dans laquelle deux contractants peuvent accidentellement se trouver. Le prix conventionnel n'est que l'ouvrage des volontés privées qui ont concouru à le fixer : le juste prix est le résultat de l'opinion commune... Le prix conventionnel s'écarte du juste prix, quand la cupidité d'une part et la nécessité de l'autre, deviennent la seule balance des pactes, ou des accords arrêtés entre les parties qui traitent ensemble. »

Pour déterminer la valeur du bien vendu, il faut se placer au moment de la vente. (Art. 1075.) Toutefois, en cas de promesse de vente, soit synallagmatique, soit unilatérale, on doit, dans le système que j'ai adopté, remonter au jour de la promesse. Vienne une circonstance postérieure qui double la valeur de l'immeuble : il n'y a pas lésion. Le vendeur n'éprouve pas une perte : il manque une occasion de bénéfice. Réciproquement, si une circonstance imprévue diminue cette valeur, et restreint le juste prix à l'étroite mesure du prix conventionnel, le vendeur garde encore son action, si, au jour de la vente, il s'est pu dire lésé de plus des sept douzièmes.

En se reportant à l'époque du contrat, l'estimation doit se régler sur l'opinion commune. Elle ne tiendra compte ni des affections privées, ni des idées individuelles. « *Pretia rerum*, disait Paul, *non ex affectu, nec utilitate singulorum, sed communiter finguntur.* » Il faut avoir égard à la diversité des temps et des lieux ; mais, on n'aurait pas égard à une cherté extraordinaire et momentanée. C'est en les tempérant par ces remarques, qu'on doit entendre les expressions de l'art. 1675, qui ordonne d'estimer l'immeuble suivant son état et sa valeur au moment de la vente. Pour l'estimer suivant son état, il faut tenir compte de sa configuration matérielle à cette époque, sans avoir égard aux accroissements qui ont pu en augmenter l'étendue ou l'importance. Pour l'estimer suivant sa valeur, il faut réunir les circonstances propres à révéler le juste prix, et consulter les différents titres de vente. On peut puiser là d'utiles renseignements, pourvu qu'on se rappelle que, seuls, ils ne sont pas une base suffisante d'appréciation, et que les acheteurs précédents ont pu s'imposer des sacrifices pour acquérir un immeuble qui était à leur convenance.

On devra rechercher si le contrat renferme des clauses propres à diminuer la valeur du fonds. On devra rechercher aussi si des servitudes ou d'autres charges, imposées sur l'immeuble, n'en rendent pas l'exploitation ou plus difficile ou moins avantageuse.

Pothier décide que l'existence d'une clause de réméré ne doit pas diminuer les bases de l'estimation. Ce n'est pas mon opinion. Quand une chose est vendue à réméré au-dessous de sa valeur, il n'y a pas toujours chez l'acheteur cette cupidité, voisine de la fraude, que la loi a voulu flétrir. Il y a le calcul légitime d'un homme qui a payé une propriété peut-être provisoire, moins qu'il n'eût payé une propriété définitive. Le vendeur doit acheter d'un sacrifice la faculté qu'il se réserve.

On ne comptera pas le trésor que l'acheteur a trouvé depuis

le contrat. Ignoré au jour de la vente, il n'a pu accroître la valeur du bien vendu. Le vendeur ne peut l'envier à celui qui, chargé désormais des risques de la chose, doit profiter de ses avantages. La mine qu'on vient de découvrir, l'alluvion qui a étendu le champ, n'entrent pas davantage dans l'estimation. Mais, il faut y faire entrer les fruits pendants lors de la vente : il n'y a pas à distinguer si l'acheteur les obtient en vertu d'une clause du contrat ou en vertu de leur attache au sol. Dans les deux cas, ils ne font qu'un avec l'héritage. Adhérents à l'immeuble, ils prennent sa nature immobilière. « *Fructus pendentes pars fundi dicuntur.* »

Quand toutes ces circonstances auront concouru à déterminer le juste prix, le prix conventionnel restera à connaître. Il faut établir les deux termes, si l'on veut trouver leur différence. Cette différence, quand elle dépasse sept douzièmes, constitue la lésion.

Pour connaître le prix conventionnel, il suffit en général de consulter l'acte de vente. Mais, on ne peut cependant ajouter foi toujours aux énonciations qu'il renferme : l'acheteur a pu, pour éluder la loi, y mentionner un prix supérieur au prix convenu. Cette fraude ne doit pas nuire au vendeur : on l'a positivement déclaré au Conseil d'État. Il pourra donc attaquer l'acte comme frauduleux ; mais, il est souvent difficile de démasquer une telle fraude.

A la somme que l'acheteur a comptée au vendeur comme prix direct de la chose, il faut joindre ce dont le vendeur a indirectement profité. A-t-il stipulé des prestations secondaires, pots-de-vin, etc.? elles entreront en compte. Si, à la décharge du vendeur, l'acheteur désintéresse les créanciers ayant des droits réels sur l'immeuble, s'il acquitte l'arriéré des impôts, toutes les charges dont il libère ainsi le vendeur, soit envers les particuliers, soit envers l'État, s'ajoutent au prix conventionnel. Accru de tous ces accessoires, on verra s'il atteint les cinq douzièmes du juste prix.

Les frais d'acte et les droits d'enregistrement payés par l'a-

cheteur, ne tournent pas à sa décharge. En sortant de son patrimoine, ils n'entrent pas dans celui du vendeur. Quoiqu'ils
puissent amener une différence notable entre la somme que
l'acheteur débourse et celle qu'il s'attendait à débourser, ils
n'en laissent pas moins le vendeur en face de la même lésion.
On ne peut lui enlever une protection par des motifs dont il
ne profite pas.

PROCÉDURE DE L'ACTION EN RESCISION.

Pour prévenir les réclamations téméraires, le code exige
l'accomplissement de minutieuses formalités. Il élève en faveur du contrat, libre expression de la volonté des parties,
une présomption difficile à détruire. La preuve de la lésion
ne peut être faite *de plano :* il faut qu'un jugement l'autorise.
(Art. 1677.) Ainsi, deux jugements se rencontrent dans une
affaire unique : le premier, avant faire droit, admet le vendeur à prouver la lésion ; le second, définitif, déclare ou nie
l'existence du préjudice. Ces précautions faisaient dire à
M. Portalis qu'une question rescisoire est traitée avec la même
circonspection que pourrait l'être une question d'État.

Pour obtenir le premier jugement, le vendeur adresse aux
juges une requête où il articule les faits. Il montrera par
exemple, par son contrat d'acquisition, que les précédents
propriétaires avaient vendu beaucoup plus cher que lui. Il
établira que, loin de diminuer de valeur, le fonds a reçu depuis une plus-value considérable. Il fera voir que les revenus
du fonds supposent une valeur vénale bien au-dessus du prix
stipulé. Armé d'un pouvoir discrétionnaire, le juge examine
les faits allégués au double point de vue de la gravité et de la
vraisemblance. Convaincu de l'absence de l'un de ces éléments
ou de tous deux, il rejette la demande. S'il les trouve réunis
et s'ils rendent probable l'existence d'une lésion de plus des

sept douzièmes, il autorise, par un premier jugement, la preuve de la lésion.

Si le premier jugement rejette la preuve, il est définitif. S'il l'admet, il est interlocutoire. Cela veut dire qu'il fait préjuger la décision du fond ; car, il est probable que le tribunal, autorisant la preuve de la lésion, prononcera la nullité du contrat si la lésion est prouvée. Interlocutoire ou définitif, le jugement n'est qu'en premier ressort. L'acheteur dans le premier cas, le vendeur dans le second, peuvent le frapper d'appel. Mais, contre la décision de la cour impériale, ils ne peuvent se pourvoir en cassation. La Cour de Cassation est impuissante à contrôler l'appréciation d'un fait.

Autorisé par un premier jugement à prouver la lésion, le vendeur ne peut le faire par tous les moyens. La preuve testimoniale est rejetée : la seule voie ouverte est celle d'une expertise (art. 1678). Elle offre en effet plus de garanties qu'une enquête : elle est moins incertaine. « Dans la preuve par témoins, disait M. Portalis, on n'a pour garant de la sincérité d'une déposition que la bonne foi et la mémoire de la personne qui dépose. Un témoin peut être suborné ou corrompu : sa mémoire peut être infidèle. Les faits sur lesquels on rend ordinairement témoignage sont, pour la plupart, fugitifs : ils ne laissent aucune trace après eux. Ainsi, en matière de preuve testimoniale, la nature des choses qui sont à prouver augmente les dangers de la preuve.

« Les mêmes inconvénients ne sauraient accompagner l'estimation par experts. Des experts sont des espèces de magistrats qui ont l'habitude de leurs fonctions, et qui ont besoin de conserver la confiance. Ils sont obligés de motiver leur décision. S'ils se trompent ou s'ils veulent tromper, leur erreur ou leur fraude est à découvert. Ils ne peuvent s'égarer dans leurs opérations. Ayant à estimer s'il y a ou s'il n'y a pas lésion dans un contrat de vente, ils ont sous les yeux l'immeuble qui est l'objet de l'estimation, et ils peuvent le confronter facilement avec le prix qui a été stipulé dans le contrat, et avec

les circonstances qui établissent le juste prix et qui sont garanties par l'opinion commune, étayée de tout ce que les lo-
calités peuvent offrir d'instruction et de lumières. Rien de plus
rassurant. »

Malgré cette excellente justification de la loi, elle ne passa
pas sans résistances. « On fait dépendre, disait M. Berlier, le
sort de tout contrat de vente entre majeurs, de l'opinion d'un
seul homme qui, faillible de sa nature, est de plus environné
de tous les piéges que peut lui tendre l'intérêt personnel. » Il
suffit, pour répondre à cette critique exagérée, de dire avec
M. Portalis, que j'aime à citer, parce qu'il mettait un beau
langage au service de belles pensées : « Avec des objections
semblables, il n'y aurait de sûreté que pour les hommes injustes et méchants. S'agirait-il d'un dol personnel qui annule
tous les contrats? On dirait que la plainte ne doit point être
reçue, parce que le dol personnel ne peut être constaté que
par la preuve testimoniale, qui est la plus incertaine et la plus
dangereuse de toutes les preuves. On renverserait bientôt tous
les moyens de recours contre l'injustice, faute de trouver une
preuve qui pût rassurer suffisamment l'innocence. Il serait
sans doute à désirer que tout ce que l'on a intérêt de prouver
pût être constaté par écrit; mais, la force des choses y résiste.»

Le projet triompha. L'art. 1678 fut rédigé en ces termes :
« La preuve ne pourra se faire que par un rapport de trois
experts. » Ainsi, non-seulement l'expertise est admise; mais,
elle s'impose au juge avec l'inflexibilité d'une règle absolue.
En présence de ces termes impératifs, il semble difficile de
soutenir que, par un seul et premier jugement, sans expertise
préalable, le tribunal peut prononcer la rescision de la vente.
On l'a fait cependant. Quand la lésion, a-t-on dit, résulte
clairement des faits articulés et des pièces produites à l'appui,
pourquoi prolonger un procès qui peut, à moins de frais, recevoir aujourd'hui une solution définitive?

La discussion, au conseil d'État, semble confirmer cette
opinion. Dans le projet, un article était ainsi conçu : « Pour-

ront néanmoins les juges rescinder un acte de vente, sans qu'il soit besoin d'estimation d'experts, lorsqu'une lésion suffisante sera déjà établie par preuve littérale. » Cette idée fut adoptée à l'unanimité. « Le ministère des experts, dit M. Portalis, n'est pas toujours employé ; la lésion peut-être vérifiée même par des preuves littérales, par des ventes antécédentes, par les partages, par les baux. Il suffit quelquefois de comparer le prix avec celui des propriétés voisines.» M. Cambacérès réclama une rédaction plus méthodique, et le premier Consul, qui partageait son idée, l'exprima en ces termes : « La loi doit donner aux juges une règle pour les trois cas suivants : celui où ils sont convaincus qu'il y a lésion, celui où ils voient clairement qu'il n'en existe pas, celui où ils croient que le fait articulé doit être vérifié par des experts. » Sur cette observation, l'article fut renvoyé à la section.

Il n'avait pas encore été communiqué au Tribunat. Le Tribunat le critiqua. Il demanda qu'on supprimât l'exception, pour s'en tenir strictement à la règle. Il voulut que, dans tous les cas, l'expertise fût obligatoire : « Il ne suffit pas, disait-il, que les juges puissent décider s'il y a lésion ou non : quand on se déciderait pour l'affirmative, il faudrait encore connaître la juste valeur de l'objet vendu, afin que, dans le cas où l'acquéreur voudrait user du droit de retenir l'objet en payant le supplément du juste prix, on sache à quelle somme s'élève ce supplément. »

Le Tribunat, je l'avoue, a fait une confusion. Il a confondu l'expertise tendant à prouver la lésion, avec l'expertise tendant à fixer le supplément du juste prix. On aurait pu lui répondre qu'il était un moyen de donner satisfaction à la pensée du Conseil d'État, sans contrarier la sienne : prononcer immédiatement la rescision, sauf à recourir plus tard à l'expertise si l'acheteur demande, pour conserver la chose, à payer le supplément. Mais, il n'en est pas moins vrai que, des deux articles qui, suivant les circonstances, exigeaient l'expertise ou permettaient de s'en passer, le second a disparu. L'exception ayant été retranchée par le législateur, il ne nous reste que la règle.

« Les trois experts, dit l'art. 1680, seront nommés d'office, à moins que les parties ne se soient accordées pour les nommer tous les trois conjointement. » Sans cet accord entre tous, la nomination sera faite d'office. C'est une sage innovation : « Autrefois, disait M. Faure au Tribunat, on ne nommait d'abord que deux experts : chaque partie choisissait le sien. Ce n'était qu'en cas de partage qu'un troisième expert était nommé. Dans cet état de choses, chaque partie regardait l'expert qu'elle avait choisi plutôt comme un défenseur complaisant que comme un appréciateur impartial. Quand l'expert se laissait entraîner par cette illusion, quelle justice était-il possible d'attendre? De là résultait la nécessité de recourir à des tiers-experts qui, plus impartiaux, étaient à leur tour plus embarrassés. On agitait la question de savoir si le tiers-expert devait prononcer sans avoir égard à l'avis des deux autres, ou s'il devait nécessairement suivre l'avis de l'un ou celui de l'autre, ou s'il devait au moins, pour sa tierce-expertise, se renfermer dans le cercle de la plus forte et de la plus faible estimation. » Le Code fait disparaître tous ces embarras.

L'art. 303 du Code de Procéd. permet aux parties de consentir qu'un seul expert procède à l'expertise. Il modifie, à mon sens, l'art. 1678. Elles peuvent donc s'accorder pour nommer un seul expert. Les frais seront diminués et les conventions sont libres.

Pour se former une conviction, les experts devront examiner séparément, et comparer entre eux le prix conventionnel et le juste prix de l'immeuble. Ils fixeront sa juste valeur sans tenir compte ni des dégradations, ni des accroissements postérieurs à la vente, ni des circonstances imprévues qui depuis ont augmenté ou diminué cette valeur. Il ne leur est pas défendu de s'aider de la preuve littérale : « On peut, disait M. Portalis, administrer des baux, des documents domestiques, des actes et d'autres titres qu'il serait inutile d'énumérer. »

Les experts (art. 1678) sont tenus de dresser un seul procès-verbal commun, et de ne former qu'un seul avis à la pluralité des voix. S'il y a trois avis divers, si chaque expert a fixé un chiffre différent, le chiffre intermédiaire réunit la majorité. Le premier expert évalue le bien à 12,000 fr., le second à 14,000 fr., le troisième à 15,000 fr. Le juste prix doit être fixé à 14,000 fr. En effet, celui qui estime la chose 12, l'estime 14 plutôt encore que 15. Celui qui l'estime 15, à plus forte raison l'estime 14. Dans le cas où il y a des avis différents (art. 1679), le procès-verbal en contiendra les motifs, sans qu'il soit permis de faire connaître de quel avis chaque expert a été. Ainsi organisée, la preuve de la lésion offre toutes les garanties désirables de sincérité : chacun peut contrôler l'exactitude de l'estimation.

Le rapport des experts ne lie pas les juges. Ils peuvent suivre l'avis de la minorité; ils peuvent même ordonner une nouvelle expertise; ils peuvent chercher la vérité par tout autre moyen. Par l'examen des actes de vente, des partages ou des baux, le tribunal peut se former une conviction opposée à celle des experts. Il peut reconnaître qu'une lésion existe malgré le rapport qui la nie, ou qu'elle n'existe pas malgré le rapport qui l'admet. C'est toujours sur son opinion personnelle, jamais sur l'opinion d'autrui, qu'un juge doit prononcer.

———

EFFETS DE LA RESCISION PRONONCÉE PAR JUGEMENT.

« Dans le cas où l'action en rescision est admise, dit l'art. 1681, l'acquéreur a le choix ou de rendre la chose en retirant le prix qu'il en a payé, ou de garder le fonds en payant le supplément du juste prix, sous la déduction d'un dixième du prix total. Le tiers-possesseur a le même droit, sauf sa garantie contre son vendeur. »

Il y a d'abord une légère inexactitude de rédaction. L'ache-

teur a cette option, non quand le premier jugement a admis la
demande, mais quand le second l'a déclarée bien fondée.
Mais, l'option que lui réserve la loi, ne met pas à sa charge
une obligation alternative. Pour reconnaître si l'obligation
qui mentionne deux choses est facultative ou alternative, il est
une règle certaine. Il suffit de supposer que le défendeur fait
défaut, et de voir si le vendeur, poursuivant l'exécution forcée
peut, à son choix, se faire mettre en possession de l'une ou de
l'autre des deux choses. S'il le peut, l'obligation est alternative.
Si les termes du jugement lui imposent l'une d'elles, l'obligation est facultative. Or, il est évident que le vendeur, qui a
obtenu la rescision de la vente qui le lésait, ne peut saisir les
biens de l'acheteur jusqu'à concurrence du supplément des
neuf dixièmes. Il n'a d'autre titre que le jugement qui déclare
le contrat rescindé : si ce titre lui donne un droit, c'est celui
de se faire restituer l'immeuble vendu, en rendant le prix
payé. L'immeuble seul est donc l'objet de l'obligation : l'obligation est donc facultative.

Le vendeur donc ne peut conclure qu'à la restitution de
l'immeuble. Il en redevient, à l'instant, propriétaire ; mais,
l'acheteur peut se soustraire à l'obligation de le lui rendre, en
usant du bénéfice de l'art. 1681. Le paiement du supplément
du prix est pour celui-ci une faculté qu'il est libre, suivant son
bon plaisir, de choisir ou de répudier. L'acheteur est condamné à restituer l'immeuble, mais, il a une planche de salut
pour s'y soustraire. La restitution de la chose est seule *in
obligatione :* le supplément du prix est *in facultate solutionis.*
Le délai accordé par le juge, pour opter entre le délaissement
de l'immeuble et le supplément du prix, ne commence à courir que du jour où le jugement, s'il n'est pas exécutoire par
provision, a force de chose jugée (Cass., 12 juin 1810).

De ce que l'obligation de l'acheteur est, non alternative,
mais facultative, de ce qu'il n'est condamné qu'à la restitution
de l'immeuble, nous avons déjà tiré des conséquences. Son
obligation est immobilière dans tous les cas. Si elle était alter-

native, sà nature serait incertaine : au jour seulement où l'acheteur opte ou pour le supplément du juste prix ou pour le délaissement de l'immeuble, on pourrait la déclarer ou mobilière ou immobilière. Si la chose périt par cas fortuit, l'acheteur ne doit pas le supplément du prix. Si l'obligation au contraire était alternative, la perte de la chose, loin de l'éteindre, la rendrait déterminée. Quitte de l'obligation de rendre le bien, l'acheteur resterait tenu d'en compléter le prix.

§ Ier.

De l'offre d'un supplément.

Pour satisfaire au vœu de la loi, le tribunal ne doit pas condamner l'acheteur à rendre l'immeuble ou à parfaire le prix. Il doit prononcer la rescision de la vente, *si mieux n'aime* l'acheteur garder le fonds, en payant le supplément du juste prix. Rien n'est plus sage que ce droit de l'acheteur. L'action du vendeur se fonde sur un dommage. Or, l'intérêt étant la commune mesure des actions, comme le jurisconsulte dit que l'argent est la commune mesure des choses, si l'acheteur fait disparaître le dommage, il enlève du même coup à l'action sa cause.

D'après le projet, conforme en ce point à la doctrine ancienne, l'acheteur qui gardait la chose devait parfaire rigoureusement le juste prix. Le premier Consul, nous l'avons vu, proposa une sage innovation : c'était de laisser à l'acheteur un dixième du prix qu'il avait à compléter : « Si le vendeur, dit-il, avait tenu exactement au juste prix, l'acquéreur n'aurait pas acheté. Il est donc raisonnable de réduire le juste prix de 10 pour 100. Rarement on achète une chose à sa valeur exacte. L'acquéreur, après tout, est venu au secours du vendeur, et celui-ci aurait certainement consenti à recevoir 90 pour 100 de la valeur de son bien. » Ajoutons, avec M. Portalis, que « l'estimation des experts n'étant pas susceptible d'une précision mathématique, on ne pouvait l'adopter avec une rigueur qui supposerait cette exactitude et cette précision. » M. Treilhard, exagérant l'idée du premier Consul, et applaudissant à tout ce qui affaiblirait l'action en rescision, alla même jusqu'à proposer « de ne contraindre l'acquéreur qu'à fournir la moitié du juste prix. » Cette proposition était aussi exagérée que celle du premier Consul était sage.

A la suite d'une rescision, exiger de l'acheteur le prix exact de l'immeuble, c'était lui demander, en définitive, plus qu'il n'eût payé dans les circonstances ordinaires. On n'achète guère, quand on n'y trouve pas d'avantage. La vente d'un bien n'est facile, que quand la valeur qu'il apporte dépasse le prix qu'on en demande. Ajoutons que, le plus souvent, cette faveur engagera l'acheteur à garder l'immeuble : ce qui, dans l'intérêt des tiers, vaut mieux qu'une rescision qui efface le passé et bouleverse les droits acquis dans l'intervalle.

M. Bigot-Préameneu objecta que c'était offrir une prime au dol. Les paroles du premier Consul démontrent clairement que c'était attribuer à chacun ce qui devait lui revenir. M. Tronchet alla même jusqu'à dire que cette déduction avait toujours été de droit dans l'estimation des experts. Je ne le crois pas. M. Bigot-Préameneu n'aurait pas résisté presque seul à cette disposition, si elle n'eût pas été une nouveauté ; et M. Portalis dit formellement « qu'il y a là une décision nouvelle ; car, autrefois, il n'y avait point lieu à cette déduction. » Ainsi, quand un immeuble valant 120,000 fr. a été vendu pour 38,000 fr., l'acheteur pourra ou le rendre en réclamant au vendeur les 38,000 fr. que le vendeur a reçus de lui, ou le conserver et maintenir les effets de la vente, en payant une nouvelle somme de 70,000 fr. Par là, le vendeur aura 108,000 fr., c'est-à-dire 120,000 fr. moins un dixième.

Quand l'acheteur use de la faculté qui lui est accordée, et conserve l'immeuble en complétant le juste prix, du jour de la demande en rescision il doit l'intérêt du complément. (Art. 1682.) Cujas exigeait de lui les intérêts, équivalent de la jouissance de l'immeuble, pour tout le temps qu'il avait joui de l'immeuble. Mais, Domat professait l'opinion qu'a consacrée le code. Tout ce que l'acheteur devait en vertu du contrat, il l'a payé. Présomption est due au titre : tant que le vendeur ne se plaint pas, l'acheteur est réputé posséder de bonne foi. Il a pu ignorer le vice du contrat, jusqu'au moment où le vendeur y a appelé son attention. Il n'a commencé à devoir un supplément, que le jour où le vendeur a commencé à saisir le tribunal. Pothier permettait de prouver sa mauvaise foi : il n'en est plus de même aujourd'hui. Cette doctrine prévient les embarras d'une compensation difficile à établir entre la valeur des fruits perçus et le montant des intérêts du prix payé. Comme il arrive souvent, elle est la plus simple, en même temps que la plus juste.

Le droit de mutation a été payé à l'origine sur le taux du prix de vente. Un supplément de droit est exigible à raison du supplément de prix.

§ II

De la restitution de l'immeuble vendu.

Si l'acheteur ne veut pas fournir le supplément du juste prix, le vendeur ne peut l'y contraindre. Il ne peut qu'exiger la restitution de l'immeuble, objet unique de son action.

Il le reprend libre de charges : c'est une condition résolutoire qui s'accomplit. Les hypothèques et les servitudes qu'il a établies sont rétroactivement validées : celles qu'a consenties l'acheteur sont anéanties rétroactivement. Cette perturbation dans les droits des tiers donnait une arme puissante aux adversaires de l'action en rescision. Mais, ceux dont les droits sont menacés ont un moyen de parer ce contre-coup funeste : c'est de compléter eux-mêmes le juste prix, en profitant eux-mêmes de la déduction autorisée.

Les baux faits de bonne foi par l'acheteur devront être respectés. Toutes les fois qu'une condition résolutoire s'accomplit, les baux consentis subsistent. Le propriétaire sous condition

résolutoire a mandat tacite de faire les actes d'administration.
(Art. 1654, 1655.) La loi, dans l'art. 1673, le déclare expressément au cas où le vendeur use du pacte de rachat. Au cas
où la rescision est prononcée, les motifs sont plus puissants
encore. Rien en effet n'a averti l'acheteur d'une résolution prochaine : quand il a acheté à réméré, son titre même lui rappelle sans cesse la fragilité de son droit.

Le fonds est restitué avec ses accessoires inséparables :
l'acheteur rend l'alluvion : il rend la portion du trésor qu'il
a reçue *jure soli*. Par l'effet du jugement, il est censé n'avoir
jamais été propriétaire. Il doit rendre les fruits qu'il a perçus
depuis la demande (art. 1682-2°). Cujas voulait qu'il fût
comptable de tous les fruits recueillis pendant la durée entière de sa jouissance, sous la déduction des intérêts du prix
dont le vendeur avait profité. Quand la rescision de la vente
a pour cause la minorité du vendeur, il en est ainsi. Mais, on
conçoit facilement que le législateur qui, dans les mesures
secondaires, a toujours incliné en faveur de l'acheteur, se soit
montré moins sévère. Quand l'acheteur a usé des fruits que
lui procurait l'immeuble, quand il a consommé ces produits
qui, comme dit Pothier, naissent et renaissent de la chose, il a
fait l'œuvre d'un bon père de famille : on ne peut rien lui
reprocher. En face d'une administration si honnête et d'une
jouissance si modérée, on se rappelle que peut-être il ne savait pas le vice de son acquisition, et que son ignorance n'a
cessé peut-être qu'au jour où le vendeur a troublé sa sécurité. Jusqu'à ce jour, il ne doit pas les fruits.

Mais, si cette faveur est due à l'acheteur qui jouit de l'immeuble selon sa nature, si cette présomption de bonne foi est
méritée à celui qui retire du fonds l'utilité compatible avec
les soins paternels d'une administration conservatrice, je crois
qu'il en est autrement quand l'acheteur commet sur la chose
des détériorations. D'après l'opinion commune, il n'est tenu
que de celles dont il a profité. S'il a fait des coupes de futaies
hors de l'aménagement, s'il a démoli la maison pour en vendre

les matériaux, dans ce système il est responsable : hors de ces cas, il n'est soumis à aucune poursuite. Je serais tenté de le déclarer comptable, sans distinguer, de toute détérioration survenue par son fait. S'il est digne de l'intérêt de la loi quand il n'a fait que les actes d'un bon père de famille, il n'en est plus digne quand il agit en propriétaire négligent, imprudent ou dissipateur. Il est une forte présomption qu'il soupçonne un vice dans l'acquisition d'un bien qu'il détériore : ses dégradations seraient moins grandes, si sa propriété était moins incertaine. L'intérêt personnel a d'autres caractères; et, quand on est certain de souffrir de la dépréciation, on est moins ingénieux à la causer. Il est probable que l'acheteur sait qu'il a acheté à vil prix. Par des abus de jouissance, il veut ou détourner le vendeur de reprendre le fonds déprécié, ou lui faire tort s'il le reprend.

C'est la décision donnée quand l'acheteur à réméré a dégradé l'objet qu'il doit rendre. Quand il s'agit de l'acheteur qui dégrade le fonds vendu à vil prix, les mêmes raisons doivent nous déterminer. Si la mauvaise foi du premier est évidente, la bonne foi du second est plus que douteuse. Le tiers-détenteur d'un immeuble hypothéqué, plus favorable que l'acheteur qui a lésé son vendeur, est tenu d'indemniser les créanciers hypothécaires des détériorations qui proviennent de son fait (art. 2175). Du reste, l'art. 1147 pose en principe que le débiteur est passible de dommages-intérêts, à raison soit de l'inexécution de l'obligation, soit de son exécution tardive, soit de son exécution mauvaise, toutes les fois qu'il ne justifie pas d'une cause étrangère qui ne peut lui être imputée. Et il ajoute qu'il en sera ainsi, encore qu'il n'y ait aucune mauvaise foi de sa part. Notre sévérité envers l'acheteur n'est-elle pas justifiée par l'analogie que nous offre cet article?

Si nous sommes tantôt rigoureux, tantôt favorables à l'acheteur, selon qu'il s'agit ou des détériorations ou des fruits, la contradiction n'est qu'apparente. Je l'ai justifiée par des arguments : je vais la justifier par un exemple. Le tiers-détenteur, dont je parlais tout à l'heure, n'est pas comptable de tous les fruits que lui a produits l'héritage hypothéqué. Au jour de la sommation qui lui est faite de payer ou de délaisser, ses droits et ses obligations se dessinent. Il garde les fruits qu'il a perçus avant : il rendra ceux qu'il percevra après. Mais, il est responsable de toute dégradation. C'est que d'une part, voyant qu'il n'est pas actionné, il est excusable de consommer les fruits : il peut croire que le débiteur paie la dette à son insu. C'est que, d'autre part, sachant qu'il peut être actionné, il est inexcusable de dégrader le fonds : il doit prévoir l'hypothèse où le débiteur ne paierait pas. Indécis entre des éventualités diverses, son incertitude motive des solutions diverses et quant aux fruits et quant aux détériorations. Si, dans le cas qui nous occupe, il n'y a pas identité de motifs, il y a analogie de situations. Des raisons de la même famille justifient des décisions de la même nature.

Le vendeur doit rendre à l'acheteur le prix qu'il a payé. L'acheteur a droit aussi aux intérêts de ce prix, ou du jour de la demande si la chose était frugifère, ou, si elle ne l'était pas, du jour où il s'est libéré. On lui remboursera les impenses nécessaires intégralement, et les impenses utiles jusqu'à concurrence de la plus-value. Mais, s'il a fait des dépenses voluptuaires, ou des frais d'entretien, on ne lui en tiendra pas compte (art. 1673).

Pour assurer toutes ces répétitions, l'acheteur a le droit de rétention : jusqu'à parfait paiement, il gardera l'immeuble. Il a quelque chose de plus. Le jugement ne crée pas une faculté pour le vendeur : c'est un quasi-contrat qui donne à chaque partie des droits distincts, que l'une et l'autre sont maîtresses d'exercer. Acheteur condamné, je puis forcer le vendeur à exécuter le jugement, quand même il n'aurait plus intérêt à s'en prévaloir. Je puis le contraindre à reprendre l'immeuble, dût la reprise lui être devenue préjudiciable. Il en serait ainsi, si, depuis la rescision prononcée, par suite d'une destruction partielle ou d'une catastrophe subite, le fonds a tellement perdu do sa valeur qu'il ne représente plus le prix payé par l'acheteur et les indemnités à lui fournir (Ferrière, v° Lésion).

En présence d'un tiers-acquéreur, le vendeur a les mêmes droits et les mêmes obligations. Mais, les principes généraux de la loi et une disposition particulière de l'art. 1681, réservent au tiers-acquéreur un recours contre son vendeur direct.

Le vendeur n'indemnise pas l'acheteur des frais de contrat. Il en est autrement au cas de réméré. C'est que, dans l'hypothèse qui nous occupe, le vendeur n'est lié par aucune convention. Il rend à l'acheteur les sommes qu'il a reçues de lui, parce qu'il ne faut pas qu'il s'enrichisse ; mais, il ne l'indemnise pas des dépenses dont il n'a pas profité : une restitution imaginée en sa faveur ne doit pas l'appauvrir.

La vente est rétroactivement anéantie : le Trésor devrait donc rendre les droits qu'il a perçus. Puisque la mutation ne s'est pas opérée, il retient à tort des droits de mutation. Mais, l'article 60 de la loi de frimaire an VII, déclare qu'à moins d'une exception écrite dans la loi, les droits régulièrement perçus ne sont pas restitués, quels que soient les événements ultérieurs. Or, aucune loi n'excepte de la règle le cas qui nous occupe. Mais, la rescision, en rendant le bien au vendeur, autorise-t-elle la perception d'un nouveau droit? La question est délicate. Les principes mèneraient certainement à la négative : en présence des textes, elle a paru douteuse.

L'art. 68, § 3 7° de la loi de frimaire, soumet à un simple droit fixe de 3 fr. les jugements portant résolution d'un contrat pour cause de nullité radicale. Nous avons ici un jugement portant résolution d'un contrat; mais, est-ce pour cause de nullité radicale? Non, répond la Cour de cassation (5 germinal an XIII ; 17 déc. 1801), puisque le contrat existe tant que la justice ne l'a pas brisé, et devient irrévocable si deux ans s'écoulent sans qu'on l'attaque. Un nouveau droit proportionnel est donc exigible. — Mais, puisque la rescision anéantit rétroactivement le contrat, il est plus juste de dire que la nullité est radicale, et qu'il n'est dû qu'un simple droit fixe. Si la loi avait trait aux actes non existants, elle ne parlerait pas de résolution : on ne résout pas le néant. Elle prévoit donc, non le cas où le juge constate qu'un contrat n'existe pas, mais le cas où il prononce, autorisé par la loi, la nullité d'un contrat qui existe. Les contrats résolubles sont ceux que la loi vise expressément : elle ne parle qu'implicitement et par *a fortiori* des contrats radicalement nuls. Le texte s'unit donc aux principes pour condamner une injuste et fiscale jurisprudence.

FAVEURS ACCORDÉES A L'ACHETEUR POURSUIVI EN RESCISION.

J'ai dit que le Code, en admettant, dans l'intérêt du vendeur, le principe de la rescision, en avait tempéré les détails dans l'intérêt de l'acheteur. L'idée fondamentale qui dirigea le législateur était favorable au premier : l'esprit qui inspira les mesures secondaires était favorable au second. Quel fut le système qui jaillit, au conseil d'État, du choc des opinions? Entre un parti qui prenait en main la cause du vendeur et un parti qui lui était hostile, il fallut des concessions de part et d'autre. Examinons le résultat de cette transaction.

Personne ne songea à faire prévaloir le système consacré par le Code prussien. Aucun défenseur des intérêts de l'acheteur ne proposa de lui accorder l'action en rescision et de la refuser au vendeur. On soutenait sa cause, en demandant, non qu'il fût armé contre le vendeur, mais que le vendeur fût désarmé contre lui. Seul, M. Portalis demanda que la rescision fût accordée à l'un comme à l'autre : il succomba.

Une fois le vendeur investi de l'action rescisoire, on songea aux intérêts de l'acheteur. Ceux qui avaient triomphé sur le principe, se crurent obligés de faire des concessions sur les conséquences ; ceux qui avaient succombé se crurent en droit d'en exiger. La lésion, suffisante autrefois quand elle dépassait la moitié, dut dépasser les sept douzièmes. Ce fut, nous l'avons vu, une raison puérile qui fit changer le taux d'outre-moitié. Mais, ce fut l'intérêt de l'acheteur qui poussa la loi à élever ce chiffre, au lieu de l'abaisser. La prescription de l'action fut réduite à deux ans, par des considérations de crédit public qui, dans d'autres matières, en face d'une opposition moins redoutable, n'avaient pas empêché d'accorder dix ans aux actions rescisoires pour dol, erreur ou violence. A la différence de la prescription ancienne, ce délai courra contre les incapables : il courra pendant le temps du réméré.

Autrefois, le juge pouvait prononcer la rescision sans expertise, quand la lésion lui semblait évidente. (Faber, Code, Liv. 4, Tit. 30, Déf. 33.) Il n'en est plus ainsi aujourd'hui. En accordant l'action au vendeur, la loi veut y rendre son triomphe difficile ; et quand il aura triomphé, quand le contrat sera ou rescindé ou ramené à une mesure plus équitable, quand le vendeur sera restitué contre les suites d'une vente ruineuse, l'acheteur vaincu et condamné se trouvera plus riche que s'il n'avait pas acheté, ou que s'il avait, à l'origine, donné de la chose son légitime équivalent. S'il complète le juste prix, il garde un dixième du prix total, et ne doit les intérêts du supplément qu'à compter de la demande. D'une part, il gagne 10 pour 0/0 sur le prix ; de l'autre, il gagne les intérêts produits entre la vente et la demande, par plus des six douzièmes ou de la moitié de la valeur du bien. S'il délaisse l'immeuble, il profite gratuitement des fruits que l'immeuble a portés entre la vente et la demande. Le vendeur, il est vrai, en lui rendant le prix conserve l'intérêt. Mais, il gagne l'intérêt minime d'un prix dérisoire : l'acheteur garde les produits considérables d'un bien d'une grande valeur.

Fruit d'une double préoccupation et d'une pensée complexe, le système de la loi n'en est pas moins, à mon sens, un

des plus équitables que l'on puisse imaginer. Si le Code doit
être, suivant l'expression du premier Consul, le résultat exact
de la justice civile, il n'a nulle part mieux atteint son but.
Plus sage que l'ancien droit qui sacrifia trop les intérêts de
l'acheteur, plus sage que le droit intermédiaire qui sacrifia
complétement ceux du vendeur, il a su les concilier dans une
mesure heureuse, et, autant qu'on pouvait satisfaire l'un et
l'autre des contractants, il les a satisfaits. L'exagération du
taux de la lésion fait que l'action servira à retenir l'injustice,
plus souvent encore qu'à la réparer. Si l'action est exercée, la
loi, encore vigilante, sait relever le vendeur d'un préjudice
énorme et laisser à l'acheteur un bénéfice modéré.

APPLICATIONS DE LA LOI DU 23 MARS 1855
SUR LA TRANSCRIPTION

A LA MATIÈRE DE LA RESCISION DE LA VENTE POUR LÉSION

Quand, par l'exercice de l'action en rescision, le vendeur
reprend l'immeuble qu'il avait vendu, il n'y a pas nouvelle
aliénation : il y a anéantissement rétroactif de l'ancienne. Il
n'est donc pas tenu de faire transcrire une mutation de propriété : la propriété n'a pas changé de place. Mais, comme
l'acheteur avait transcrit son acquisition, et que les tiers, consultant le registre, pourraient croire définitive entre ses mains
une propriété qui n'était qu'apparente, l'art. 4 de la loi du
23 mars 1855 prescrit une sage mesure. L'avoué qui a obtenu
le jugement de résolution doit le mentionner en marge de la
transcription faite par l'acheteur. Cette mention se fera dans
le mois à dater du jour où le jugement a force de chose jugée :
l'avoué qui la néglige est puni de 100 fr. d'amende.

Quand je cède à un tiers mon action en rescision, le tiers
doit transcrire (Art. 1er-1o). En lui transférant mon droit
actuel à la résolution, je lui transfère mon droit conditionnel

à la propriété. Sans doute, l'action peut avoir une autre issue que la restitution de l'immeuble : l'acheteur le gardera peut-être en complétant le juste prix. Mais, il n'en est pas moins vrai que, l'objet unique de l'action étant la restitution de la propriété, je cède un droit à la propriété en cédant un droit à la rescision. L'acquéreur de l'action doit transcrire pour se mettre à l'abri, soit des cessions postérieures du même droit que je ferais à d'autres, soit des droits réels, hypothèques ou servitudes que je pouvais leur consentir ultérieurement.

Si le vendeur renonce à l'action en rescision, dans les cas où il le peut, l'acte confirmatif doit-il être transcrit? (Art. 1er, § 1 et 2.) Quand on l'analyse un peu subtilement, on reconnaît que cette renonciation dépouille le vendeur d'un droit. L'acheteur n'était propriétaire que sous condition résolutoire. Le vendeur restait propriétaire sous la condition suspensive de faire prononcer la nullité. En renonçant à l'action, il renonce à une propriété : or, l'art. 1er-2° soumet à la transcription les actes portant renonciation à ce droit.

Je ne crois pas cependant que l'acheteur soit forcé de transcrire. La renonciation du vendeur à son droit n'est que la reconnaissance du droit d'autrui. Par la vente, l'acheteur est devenu propriétaire : par la renonciation, le vendeur reconnaît qu'il lui a transmis une propriété valable. Cette confirmation ne transfère pas un droit nouveau : elle consolide un droit antérieur. Qui pourrait se plaindre du défaut de transcription ? Deux classes de tiers : ceux qui plus tard achéteraient le même bien du même vendeur ; ceux à qui plus tard le vendeur céderait son action en nullité. Or, ni les uns ni les autres ne peuvent se dire trompés. En consultant les registres, les acheteurs ont été prévenus que la propriété avait changé de mains. Ou ils n'ont pas connu le vice : et ils sont inexcusables d'avoir acheté un bien à celui qu'ils savaient l'avoir déjà vendu. Ou ils ont connu le vice : et alors ils ont su qu'il pouvait se couvrir par une ratification non translative de propriété de sa nature, par conséquent non susceptible d'être transcrite. Ils

devaient s'informer à l'acheteur, et apprendre de lui si le vice
était couvert. Ceux qui requièrent du vendeur la cession de
l'action rescisoire doivent de même s'enquérir auprès de l'a-
cheteur. L'acheteur est comme un cessionnaire de l'action à
laquelle le vendeur renonce à son profit. Si la cession était
faite à un tiers, le tiers devrait transcrire, parce que ceux qui
traitent avec le vendeur ne peuvent savoir quel est le cessionnaire. Mais, quand le vendeur renonce, le cessionnaire est
l'acheteur, connu de tous. La transcription est inutile. Elle
n'a pour but que de faire connaître l'acquéreur : on le connaît
sans elle.

DE LA LÉSION DANS LES PARTAGES ENTRE COHÉRITIERS

NOTIONS PRÉLIMINAIRES

—

On a critiqué, nous l'avons vu, la rescision de la vente pour lésion. La rescision du partage pour la même cause n'est blâmée par personne. C'est que les deux conventions sont toutes différentes. « Quoique les lois nouvelles aient proscrit la rescision en matière de vente, disait au Corps législatif l'un des partisans de la loi de fructidor, le tribun Siméon, on a dû la maintenir relativement aux partages, parce que les principes en sont différents.

« Le vendeur demande le plus haut prix : l'acheteur aspire au moindre ; étrangers l'un à l'autre, ils ne se doivent rien ; leurs intérêts, loin d'être communs, sont contraires ; le plus habile ou le plus heureux fait le meilleur marché. Il n'y a point de raison suffisante de les recevoir à rescision, puisque l'essence de leur contrat est de livrer et de prendre une chose vénale au prix dont ils seraient d'accord. Le prétexte de ré-parer une lésion énorme que le vendeur aurait soufferte entraînait des procès dispendieux, dont on a bien fait d'ex-tirper la racine. On sera plus attentif dans les ventes, quand on n'aura plus d'espoir de restitution.

» On est libre de ne pas vendre : on n'est pas libre de rester dans l'indivision. La base de la vente est l'avantage que chacun des contractants y cherche aux dépens de l'autre : celle du

partage est au contraire l'égalité. Le partage est donc rescindable de sa nature ; car, il cesse d'être partage s'il n'est pas
égal, sinon mathématiquement, du moins jusqu'à une certaine
proportion. •

De cette différence de principe, découlent des différences de
détail. L'action n'est pas soumise, dans les deux cas, aux
mêmes conditions: 1° La lésion vicie le partage des meubles
comme celui des immeubles. Elle ne vicie pas la vente des
meubles. 2° Elle affecte le partage judiciaire, comme le partage amiable : elle n'affecte pas la vente faite en justice. 3° La
lésion de plus du quart suffit dans le partage : la vente exige
une lésion de plus des sept douzièmes. 4° L'action du copartageant se prescrit par dix ans: celle du vendeur ne dure
que deux ans.

Tout partage tombe sous le coup de l'action en rescision.
Entre cohéritiers légitimes, entre colégataires universels,
entre associés (art. 1872), entre époux communs ou leurs re-
présentants (art. 1476), les règles sont les mêmes. Dans tous
ces cas, comme dit Lebrun, il n'est question ni de commercer
ni de s'enrichir. Dans tous ces cas, le partage n'est qu'une
espèce de compte, où il faut délivrer à chacun ce qui est dû à
chacun. Dans tous ces cas, l'esprit de spéculation est illégitime. Il faut donc étendre à tout partage ce que la loi dit du
partage entre cohéritiers.

Ces deux actions rescisoires, dans la vente et dans le partage, ne se justifient pas par les mêmes moyens. La même
idée n'a pas présidé à leur admission. On restitue le vendeur
lésé contre les conséquences d'un jour de détresse : l'équilibre
qui, dans un contrat commutatif, doit exister entre les équivalents, n'a paru qu'une idée secondaire. Ce qui le prouve,
c'est d'abord que la faveur est limitée au vendeur et refusée
à l'acheteur : c'est ensuite que l'acheteur qui offre de compléter le juste prix, peut s'en réserver un dixième. On restitue
au contraire, le copartageant lésé contre l'inégalité même,
dans un contrat où l'égalité est essentielle. Il a pu, il est vrai,

en acceptant un lot inégal, obéir aux exigences du besoin : mais, le législateur n'est pas allé jusqu'à le supposer. Avant d'arriver à cette considération, il avait trouvé sur son chemin, dans un ordre d'idées plus simple, des raisons déjà déterminantes. Lors même que cette circonstance ne plaiderait pas la cause du copartageant lésé, les principes mêmes du contrat militeraient en sa faveur. Ce n'est plus, comme dans la vente, l'humanité, c'est la justice qui réclame cette mesure. Ce ne sont plus des considérations extérieures qui l'excusent : c'est la nature du contrat qui l'impose. L'idée que le copartageant a cédé à cédé à la voix de la misère n'apporte à cette action rescisoire qu'une justification superflue. Elle existe encore dans l'esprit du législateur : nous en trouverons la preuve (art. 892) ; mais, elle n'est plus déjà qu'une préoccupation secondaire. Elle rend la rescision plus équitable encore : elle ne pouvait la rendre plus légitime.

Aussi, quand le copartageant défendeur à l'action rescisoire, veut se soustraire, par l'offre d'un supplément, au rétablissement de l'indivision, doit-il reconstituer l'exacte égalité. Il n'a pas, comme l'acheteur, le droit de garder un dixième.

———

DANS QUELS CAS PEUT-ON ATTAQUER LE PARTAGE POUR LÉSION ?

L'égalité parfaite entre les lots est presque impossible. Permettre la rescision pour une lésion quelconque, c'eût été sacrifier à l'esprit de système le repos des familles et la sûreté des transactions. L'art. 887 n'autorise la rescision que « lorsqu'un des cohéritiers établit, à son préjudice, une lésion de plus du quart. »

Ainsi, je ne peux pas me plaindre si l'un de mes cohéritiers a un quart de plus que sa part légitime. Si la perte qui résuite de cette inégalité frappe également les autres héritiers, si nul d'entre eux n'est lésé de plus du quart, nul ne peut réclamer pour lésion. Pour estimer si je suis lésé, il faut considérer ce que j'ai en moins, non ce que les autres ont en plus. Mon auteur laisse en mourant 400,000 fr. de biens et quatre héritiers. L'égalité parfaite attribuerait 100,000 fr. à chacun de nous. Si le partage donne 160,000 fr. à l'un et 80,000 fr. seulement à chacun des trois autres, il n'est pas rescindable : nul n'est lésé de plus du quart. Mais, si le partage ne me donne que 70,000 fr. et laisse à chacun des autres 110,000 fr., je puis l'attaquer. Les trois quarts de 100 sont 75. L'acte qui m'a attribué 70 ne m'a donc pas donné les trois quarts de ma part.

Ce chiffre des trois quarts ne s'applique qu'au partage de biens corporels. S'il s'agit de biens incorporels, la règle est inapplicable. Mon auteur a disposé, au profit d'un tiers, de tous ses biens corporels : à mon frère et à moi, qui sommes ses héritiers, il n'a laissé qu'une créance de 10,000 fr. Un acte a lieu relativement à cette créance : il résulte de cet acte que mon frère a pour sa part 6,500 fr., et que, pour la mienne, je n'ai que 4,500 fr. Bien que lésé de moins du quart, je puis réclamer contre cet acte. Les créances se divisent de plein droit : comme il n'y a pas de masse partageable, il n'a pu y avoir de partage. L'action en rescision, qui a trait aux partages, n'a pas trait à notre matière : ses règles me deviennent inapplicables. L'acte par suite duquel je n'ai que 4,500 fr., quand j'ai droit à 5,000 fr., est, à cet égard, un acte sans cause.

L'héritier peut attaquer un partage entaché de dol ou de violence, sans établir aucune lésion à son préjudice. Réciproquement, il peut attaquer le partage entaché de lésion, sans alléguer aucun fait de dol ou de violence. Peu importe l'origine de la lésion. Que le partage ait été conclu librement et de bonne foi, que le préjudice provienne d'une erreur de fait et d'une inexacte estimation, que la lésion résulte d'une erreur de droit (Cass., 12 mars 1845.), que l'inégalité cache des

manœuvres frauduleuses, la décision est la même. Dès qu'un
cohéritier n'a pas les trois quarts de sa part légitime, il a en
main l'action rescisoire. Mais, si la lésion a été précédée de
manœuvres frauduleuses, il a quelque chose de plus. Le
partage est affecté d'un double vice : le demandeur est armé
d'une double action. Il peut agir, à son gré, soit en rescision
pour cause de lésion, soit en nullité pour cause de dol.

De ces deux actions, quelle est la meilleure ? Tantôt l'une,
tantôt l'autre. Si les faits de dol sont difficiles à établir et que
la lésion soit évidente, le cohéritier agira en rescision. Si la lésion est d'une vérification incertaine et que les faits de dol soient
éclatants, il agira en nullité. D'ailleurs, renvoyé de l'une de
ces actions, il peut intenter l'autre. Il n'a pas à craindre
l'exception de chose jugée. S'il y a, dans les deux demandes,
identité d'objet et de personnes, il n'y a pas identité de causes
(Art. 1351.).

Ce cas est-il le seul où l'héritier ait un choix ? Évincé d'un
bien compris dans son lot, il a l'action en garantie. Si, à son
préjudice, l'éviction constitue une lésion de plus du quart,
a-t-il aussi l'action en rescision ? On l'a soutenu. Le choix ne
lui est pas inutile : des différences notables séparent les deux
actions, et, selon les circonstances, tantôt la première, tantôt
la seconde offre des avantages. 1° L'action en garantie (sauf
l'hypothèse spéciale de l'art. 886), se prescrit par trente ans à
dater de l'éviction : l'action rescisoire se prescrit par dix ans
à dater du partage. A cet égard, la première est meilleure.
2° L'héritier qui agit en garantie n'a jamais droit qu'à une
somme d'argent : l'héritier qui agit en rescision a la chance
d'obtenir un partage plus équitable : sous cet aspect, la rescision vaut mieux que la garantie. 3° Dans l'action en garantie,
on estime le bien au moment de l'éviction : dans l'action rescisoire, on estime les biens au moment du partage. A ce point
de vue encore, chaque action a ses avantages. L'héritier évincé
agira en garantie, si l'immeuble a augmenté de valeur. Il
gira en rescision, si la valeur a diminué.

Mais, je ne crois pas qu'ici l'option appartienne à l'héritier. Évincé depuis le partage, il ne peut réclamer que la garantie de l'éviction. La lésion suppose des lots inégaux. Or, le lot de l'héritier évincé reste égal à ceux des autres. Au moment où le bien en est sorti, une action y entrait. L'héritier a l'immeuble en moins : il a, en plus, le droit à une indemnité. La composition de son lot a changé : la valeur en est restée la même : il y a eu seulement subrogation d'un bien à un autre. Un bien corporel a disparu : un bien incorporel, égal en valeur, l'a remplacé.

La lésion, même de moins du quart, si elle résulte d'une simple erreur de calcul, doit être réparée. Elle se produit toujours contre la volonté des contractants. (Art. 2058.) Mais, il importe de ne pas confondre une erreur dans l'estimation avec une erreur dans le calcul. C'est l'erreur d'estimation ou d'appréciation qui constitue précisément la lésion : elle n'est réparable que si la lésion qu'elle engendre au préjudice d'un copartageant, lui laisse moins des trois quarts de sa juste portion.

« Pour juger s'il y a lésion, dit l'art. 890, on estime les objets suivant leur valeur à l'époque du partage. » C'est du partage même que la lésion doit résulter : il faut donc rechercher ce que valaient les biens au moment du partage. Si des événements postérieurs ont amené dans le prix des variations subites, si le demandeur a amélioré ou détérioré les biens de son lot, ni ces plus-values soudaines, ni ces dépréciations imprévues, ni ces impenses, ni ces dégradations ne doivent entrer en ligne de compte.

En faisant cette appréciation, il faudra s'en tenir au texte de la loi. C'est à la valeur réelle des biens qui composaient la masse, et non à l'estimation qu'ils ont pu recevoir, qu'on doit s'attacher. En prouvant que les biens de son lot, estimés 100,000 fr., en valent 70,000 fr., le demandeur n'a rien prouvé. Il n'a pas établi en effet que, dans les autres lots, les biens n'ont pas été surestimés comme dans le sien. Or, si, vis-à-vis de tous, la valeur des biens héréditaires a été exagérée dans la même mesure, vis-à-vis d'aucun d'eux il n'y a lésion. Les lots sont inférieurs à leur estimation : ils ne sont pas inégaux.

Réciproquement, c'est sur l'ensemble des biens compris dans le lot du demandeur, que le déficit doit porter. Dès que la part qu'il a obtenue équivaut, en définitive, à sa part héréditaire ; dès que son lot, pris en masse, égale son droit, il ne peut se plaindre. Dans l'intérieur de ce lot, qu'importe que les estimations particelles soient erronées, si l'estimation totale est équitable ? Qu'importe que j'aie une vigne estimée vingt et valant à peine dix, si j'ai une prairie estimée dix et valant plus de vingt ?

L'estimation ne comprendra pas les biens que le défunt a légués par préciput. Même si le legs est fait au demandeur, le préciput qu'il reçoit ne compense pas la lésion qu'il éprouve. Les biens ainsi légués n'ont jamais fait partie de la masse partageable. Mais, au contraire, il faut évaluer les dons et les legs soumis au rapport, même si ce rapport n'a lieu qu'en moins prenant.

« La simple omission d'un objet de la succession, dit l'article 887, ne donne pas ouverture à l'action en rescision, mais seulement à un supplément à l'acte de partage. » S'il s'agissait, non d'un objet omis, mais d'un bien laissé à dessein en dehors du partage, la décision serait la même. Dans les deux cas, ce qui n'est pas entré dans le partage, n'a pu rompre l'équilibre des lots.

DES ACTES QUI PEUVENT RESCINDÉS POUR LÉSION DE PLUS DU QUART.

« Si tous les héritiers sont présents et majeurs, dit l'art. 819, le partage peut être fait dans la forme et par tel acte que les parties intéressées jugent convenables. Qu'est-ce que la loi veut dire par là ? Le partage n'a-t-il pas sa nature propre et ses caractères distinctifs ? Quels actes, dans la pensée de l'art. 819, peuvent mener au même résultat que lui? L'art. 888 nous donne la clef de l'art. 810 : « L'action en rescision, dit-il, est admise contre tout acte qui a pour objet de faire cesser l'indivision entre cohéritiers, encore qu'il fût qualifié de vente, d'échange et de transaction, ou de toute autre manière. » Voilà le principe. Nous y trouverons plus loin une double restriction, en parlant de la vente et en parlant de la transaction.

Ce texte est important. Il prévient des fraudes qui, dans le silence du code, eussent rendu inutiles ses dispositions protectrices. Si la loi n'avait soumis que le partage proprement dit à la rescision, pour léser impunément un héritier crédule ou malheureux ses cohéritiers auraient eu peu de chose à faire. Ils n'auraient eu qu'à déguiser, sous l'apparence d'un contrat inattaquable, un partage rescindable pour lésion. Pour lui assurer des effets plus stables, ils auraient changé son nom et sa forme. En le qualifiant de vente, d'échange ou de transaction, ils auraient rendu plus difficile dans le premier cas, impossible dans les autres, l'exercice de l'action rescisoire. La loi déjoue ces artifices. Tout premier traité entre des cohéritiers, lorsqu'il n'a pour objet que la division de la succession, tout acte qui n'a d'autre but que de substituer, dans la personne des héritiers, une propriété divise à une propriété indivise, contient au fond un partage. L'égalité qui est de l'essence du partage, est de l'essence d'un acte équivalent.

L'action en rescision est donc possible, quand l'acte, qui au fond est un partage, a été faussement qualifié vente, échange ou transaction. Faut-il aller plus loin? Est-elle encore possible quand l'acte qui renferme le partage est par exemple une véritable transaction? Si l'acte qui opère la division de l'hérédité ressemble plus à une transaction qu'à un partage, si le nom qu'il a reçu, si l'intention loyale des contractants, si sa nature propre, si son caractère intrinsèque, si tout concourt à en faire une transaction plutôt qu'un partage, reste-t-il encore, comme le partage, rescindable pour lésion de plus du quart? D'excellents esprits l'ont enseigné. Mais, je ne partage pas leur opinion.

Que dit l'art 888? Déclare-t-il rescindable tout acte, quelle que soit sa nature, qui produit, entre autres résultats, la cessation de l'indivision? « L'action en rescision, dit-il, est admise contre tout acte qui a pour *objet* de faire cesser l'indivision entre cohéritiers, *encore qu'il fût qualifié* de vente, d'échange, de transaction, ou de toute autre manière. » Dans sa pensée, la cessation de l'indivision est, non le simple résultat, mais l'objet même de l'acte. L'acte en réalité est un partage; mais, il a reçu des parties une qualification mensongère. « *Plus valet quod agitur, quam quod simulate concipitur* » : l'art 888 n'est autre chose que la traduction de cet adage. Qui le prouve? L'art. 888 lui-même, deuxième alinéa, qui prévoit une autre face de la même fraude. Il vise le cas où, après le partage, les cohéritiers ont faussement qualifié transaction l'acte par lequel ils feignent de régler des difficultés imaginaires. Cet acte, dans leur intention comme dans la réalité, n'était qu'un appendice à l'acte de partage, qu'ils voulaient soustraire à l'action en rescision : il est donc rescindable. L'enchaînement des deux dispositions est visible : elles sont le développement d'une idée unique. Il est donc incontestable que le législateur a pensé ce que je lui fais dire; et que, quand je me tiens au texte de la loi, ce n'est pas pour moi un pis-aller, par incertitude de connaître son esprit. Le système contraire abandonne un guide rarement trompeur, la lettre de l'article, pour poursuivre au hasard la pensée du législateur. Je crois qu'il fait fausse route.

On fait à l'opinion que je défends deux objections principales. On tire l'une de l'ancien droit. On tire l'autre de l'inutilité de l'art. 888, s'il n'a d'autre signification que celle que j'y découvre. Mais, l'ancien droit n'était pas plus décisif dans le sens contraire, qu'il n'était décisif dans le mien. La question fut toujours discutée; et rien n'est plus vague que l'endroit du livre de Lebrun, où nos adversaires se croient

inexpugnables (Succ., liv. 4, ch. 1er, n° 55.). L'autre objection
est moins forte encore. Sans doute, dans l'opinion contraire,
l'art. 888 a une portée plus large : dans la mienne, il n'est
pas inutile. En disant que les partages déguisés resteraient
sous l'empire des mêmes règles que les partages ordinaires,
la loi, dites-vous, a fait un article de trop. Loin de là. Il était
à souhaiter que la loi, moins concise, fît un article pareil au
titre des donations. Si elle eût soumis expressément les donations indirectes aux règles des donations ordinaires, la jurisprudence et la doctrine ne seraient pas en désaccord. En
admettant même que la disposition fût inutile, qui ne sait que
le code, dans plus d'un endroit, pèche doublement, et par ses
lacunes inexplicables, et par ses singulières redondances? Du
reste, dans tous les systèmes, il y a redondance. Nos adversaires ne peuvent pas le nier plus que nous : l'art. 888 veut
atteindre le cas où une fausse qualification est donnée à l'acte
de partage : la seule question douteuse est de savoir s'il ne
vise que ce cas, ou s'il en vise aussi un autre, s'il n'a qu'un
seul but, ou s'il en a deux. Dans tous les systèmes donc, il y a
surabondance. Mais, de bonne foi, quelle est l'opinion la plus
sage? La mienne admet que le législateur avait en tête une
idée unique. Si elle était évidente, en l'exprimant il n'a dit
qu'une naïveté. La vôtre pense que le législateur avait en tête
deux idées. L'une était utile : l'autre inutile. Il veut n'en
exprimer qu'une : laquelle choisit-il ? L'idée utile apparem-
ment, pour donner une règle sûre et couper court aux controverses? Pas du tout : c'est l'idée inutile, redondante et
surabondante ; et, de l'idée utile qui était dans sa pensée il
n'a pas dit un mot. Cela est-il croyable? Si, dans mon opinion, le législateur a dit une naïveté, dans l'opinion adverse
il a passé bien près de la sottise.

Faut-il un exemple? Plusieurs personnes se prétendent ap-
pelées à une succession. Mais, sur l'existence et la quotité de
leurs droits, elles sont en désaccord. L'une d'entre elles se

dit héritière : les autres le nient; ou l'une se dit appelée pour
une part considérable : les autres ne veulent lui céder qu'une
moindre part. Une transaction intervient. Les parties conviennent de renoncer à leurs prétentions réciproques et contradictoires, au moyen de l'attribution de tel bien à tel prétendant,
et de tel autre bien à tel autre prétendant. En laissant de côté
la forme et le nom de l'acte, il reste vrai qu'on n'a pas fait un
simple partage. On n'a pas dit, comme dans le partage, que
tel et tel prendraient tel et tel bien pour se remplir de leur
quart, de leur tiers, ou de leur moitié dans la succession : dans
ce cas, les biens devraient valoir, à un quart près, la fraction
de succession pour laquelle ils sont comptés. On a dit que tel
et tel prendraient tel et tel bien, quelle qu'en fût la valeur,
quel que fût le droit de ces personnes, pour prix de leur renonciation à faire valoir telle et telle prétention. Comment donc
pourrait-il être question de lésion en pareil cas? Comment
l'un des prétendants pourrait-il dire qu'il n'a pas eu les trois
quarts de la fraction qui lui appartenait, quand on n'a pas
su quelle fraction lui appartenait?

Ainsi, à mon sens, le texte et l'esprit de la loi, et la force
même des choses concourent à établir ce système. Je crois
donc, en un mot, que quand un partage véritable se cache
sous la forme et le nom d'une transaction, il y a lieu à rescision. Mais, quand sous le nom et sous la forme d'une transaction, il n'y a autre chose qu'une sérieuse, sincère et loyale
transaction, je la crois inattaquable. Il y a sans doute un danger : c'est qu'exceptionnellement un règlement de parts soit
soustrait à la rescision pour lésion. Mais, en face de cet inconvénient, il y en a un autre : c'est de rendre rescindable pour
lésion un contrat que les lois déclarent non rescindable. Un
acte qualifié transaction est un partage, s'il a la nature du
partage. Mais, s'il a le nom, la forme, les caractères et la
nature intime de la transaction, s'il ne produit qu'accessoire-
ment la cessation de l'indivision, c'est l'élément principal, et

non l'élément accessoire qui détermine les règles à suivre. Le principe dit: *Major pars trahit ad se minorem;* et non : *Minor pars trahit ad se majorem.*

Partage proprement dit.

Que le partage soit fait à l'amiable ou en justice, il tombe sous le coup de l'action rescisoire. Quand le tribunal homologue les lots, il ne rend pas un jugement véritable : il fait un acte de juridiction gracieuse. Si la lésion existe, le partage n'en a pas moins un vice radical : le défaut d'égalité. Pourquoi maintenir, par un faux respect de la justice, un acte qui a manqué son but?

L'art. 1684 nous a offert une solution opposée. La rescision pour lésion n'a pas lieu dans les ventes qui ne pouvaient être faites que d'autorité de justice. La différence est facile à comprendre. Quand la justice vend, elle doit sécurité à ceux qui suivent sa foi, et achètent sous la protection des formalités dont elle entoure la vente. Dans l'intérêt même du propriétaire de l'immeuble vendu, il importe que la vente soit stable. Mais, les formalités du partage judiciaire n'offrent pas des garanties suffisantes. Il n'y a pas d'enchérisseurs comme dans la vente : tout se passe entre cohéritiers. La justice suppose, elle ne juge pas que l'égalité existe. Il n'y a contre le demandeur aucune autorité de chose jugée. Rien ne s'oppose à la réparation de l'inégalité.

Mais, il en serait autrement si le tribunal avait eu à trancher des contestations réelles, à statuer sur l'estimation critiquée d'un bien, à établir les bases d'après lesquelles auraient lieu les opérations du partage. Le tribunal, dans ces cas, fait acte de juridiction contentieuse. Sur les points résolus par sa décision, il y a autorité de chose jugée : l'action rescisoire n'est recevable que sous la condition de ne pas les remettre en question. Le jugement n'est attaquable que par les voies de recours établies contre les jugements (Cass., 11 juin 1838). Il en est de même, si, dans le partage judiciaire, une question de rapport a été discutée et jugée : elle est étrangère aux fausses évaluations qui ont lésé un des copartageants. Sur ce point encore, il y a chose jugée.

Même quand les lots ont été tirés au sort, l'action rescisoire est admise. Controversée dans notre jurisprudence, cette solution, en présence des art. 887 et 888, ne peut plus l'être aujourd'hui. Si le hasard du sort ôte tout soupçon de fraude, il n'ôte pas toute chance d'erreur.

On rescinde le partage partiel d'une succession, comme le partage total. La généralité des termes de la loi n'autorise aucune distinction : le principe d'égalité, essentiel dans tout partage, n'en permet pas davantage. Il faut dire la même chose de la licitation, quand l'adjudicataire est l'un des cohéritiers. (Lyon, 20 déc. 1835)

S'il intervient plusieurs partages partiels, sont-ils indépendants les uns des autres? Dès que, de l'un d'eux, le demandeur n'a pas reçu les 3/4 de ce qu'il devait recevoir, dussent les autres actes l'avoir indemnisé, peut-il réclamer contre ce partage? Je ne le crois pas. C'est sur l'ensemble des biens que comprennent ces partages fractionnaires, qu'il faut calculer la lésion : reprochée à un seul de ces actes, elle doit être appréciée par sa combinaison avec tous. Autrement, le désavantage de l'acte attaqué a pu être compensé par l'avantage résultant des autres ; les tribunaux seraient conduits à déclarer une lésion qui n'aurait rien de réel. Le juge briserait, comme inégal, un des partages, quand un partage postérieur a réformé peut-être l'inégalité. Il restituerait pour lésion l'héritier qui, en somme, a reçu autant, plus peut-être, que ses cohéritiers. La justice peut-elle le souffrir?

On nous fait une objection. Si l'un des partages partiels a plus de dix ans de date, lorsqu'un partage postérieur est attaqué pour lésion, comment faire? Comment les rapprocher l'un de l'autre, puisque, après dix ans, on ne peut rechercher les par-

tages? Il est vrai. Mais, il ne s'agit pas de rescinder ce partage,
dont la rescision est prescrite. Il ne s'agit que de réunir ficti-
vement tous les biens héréditaires afin d'en connaître la valeur. Il y aura là peut-être une difficulté d'estimation: il n'y aura
pas d'impossibilité juridique (Rej., 27 avril 1841).

Il arrive souvent qu'après un premier partage, les biens
sont subdivisés. Le premier acte est principal : les autres sont
secondaires. Leur validité dépend de celle du partage qui les
a précédés et qui est leur base : mais, celui-ci reste, malgré
la rescision de ceux qui l'ont suivi. Ainsi, quand, après un
partage équitable entre la ligne paternelle et la ligne mater-
nelle, il y a lésion dans le partage ultérieur entre les héritiers
d'une ligne, ce dernier partage seul sera rescindé. Que les
deux opérations aient été faites dans le même acte ou dans
deux actes séparés, peu importe. Elles ne forment pas moins
deux partages distincts. Il en est de même, après le partage
par souches, si la subdivision entre les héritiers d'une branche
renferme une lésion au préjudice de l'un d'eux. Mais, au contraire, si le partage attaqué est le premier partage, base et
lien des autres, le sort des partages secondaires est, comme le
sien, mis en question. Si le partage central s'écroule, ils s'é-
crouleront avec lui.

Partiel à un autre point de vue, le partage peut n'avoir fait
cesser l'indivision qu'entre quelques-uns des ayant-droits :
les autres sont restés dans l'indivision. La rescision est-elle
possible pour réparer la lésion que souffre, dans ce partage
incomplet, l'un des copartageants? Je le crois. Vis-à-vis de
celui des héritiers qu'il a fait sortir de l'indivision, cet acte est
un partage : il a eu pour objet de lui attribuer sa part. Donc,
s'il n'a pas reçu les trois quarts de ce qu'il devait recevoir, il
est lésé : s'il est lésé, il peut agir en rescision. Les textes confirment ce système. L'art. 888 donne l'action en rescision
contre tout acte qui a pour objet de faire cesser l'indivision
entre cohéritiers, et non entre *les cohéritiers.* L'art. 889, plus
explicite encore, refuse l'action en rescision contre une vente

de droits successifs faite sans fraude à l'un des cohéritiers, à ses risques et périls, par ses autres cohéritiers *ou par l'un d'eux.* C'est démontrer qu'elle serait admissible, en dehors des conditions prévues par l'article, contre une vente de droits successifs faite par l'un des cohéritiers à l'un de ses cohéritiers, c'est à-dire évidemment contre un acte qui n'aurait pas fait cesser l'indivision entre tous les héritiers (Cass., 28 juin 1857).

Si des mineurs ou des absents sont intéressés dans le partage, et que les formes prescrites n'aient pas été observées, le partage est, à leur égard, provisionnel (art. 840). Sans recourir à la rescision, il leur suffit de demander un partage définitif. Mais il n'en ont pas moins l'action rescisoire, s'ils ont été lésés.

§ II.

Echange et vente.

« Les ventes et les échanges faits entre les cohéritiers, pendant que la succession est encore indivise, dit M. Chabot, contiennent évidemment partage, en ce que les héritiers qui vendent ou qui échangent reçoivent, soit pour leur portion dans la masse de la succession, soit pour leur portion dans les objets déterminés, ou le prix des ventes par eux consenties, ou les biens qui leur sont donnés en échange. Cette manière de procéder au partage doit donc être également soumise à la rescision pour cause de lésion de plus du quart. »

Je déclare vendre à tous mes cohéritiers ou à l'un d'eux ma part des biens communs. Entre tous autres, l'opération serait une vente, soumise pour la rescision aux conditions sévères de l'art. 1674. Entre héritiers, elle sera un partage rescindable pour lésion de plus du quart. Il n'est même pas nécessaire que la vente comprenne toute la portion du vendeur. On a commencé un partage des meubles, et même des immeubles ; mais l'un d'eux est resté commun. Il n'a cessé d'être indivis que par l'acte de vente ; et, de l'acte de vente, il est résulté une lésion de plus du quart. On est dans le cas prévu par la loi. Contre tout acte qui a pour objet de faire cesser l'indivision entre cohéritiers, la rescision est admise.

Pareillement, j'abandonne à mes cohéritiers mes droits dans les biens communs : je reçois d'eux, en échange, des biens qui leur sont propres. Entre tous autres, l'opération serait un échange : l'art. 1706 y interdirait toute rescision pour lésion. Entre héritiers, c'est un partage : lésé de plus du quart, j'ai l'action rescisoire.

Nous trouvons là une double application du principe établi plus haut. Le partage fait sous la forme d'une vente ou d'un échange est soumis à rescision, comme le partage proprement dit. C'est ce que déclare l'art. 888. Mais, l'art. 889 vient restreindre sa portée. « L'action, dit-il, n'est pas admise contre une vente de droit successif faite sans fraude à l'un des cohéritiers, à ses risques et périls, par ses autres cohéritiers ou par l'un d'eux. » A première vue, ces deux articles semblent contradictoires. Ils se concilient parfaitement : ils prévoient deux hypothèses différentes.

Quand je vends à mon cohéritier pour 70,000 fr. ma moitié indivise dans les biens corporels de la succession, nous sommes dans le cas de l'art. 888. Si la moitié cédée valait 100,000 fr., lésé de plus du quart, je puis faire rescinder la vente. Si elle ne valait que 50,000 fr., comme moitié d'une succession dont les forces ne dépassaient pas 100,000 fr., c'est mon acheteur qui est lésé. Pour avoir 50, il a déboursé 70 : il est recevable à se plaindre. Dans ce cas, la chose vendue et achetée a une valeur fixe : ce sont des biens corporels. Les dettes et les créances de la succession ne sont pas entrées dans la vente. Chacun de nous a continué, soit d'en être tenu, soit d'en être saisi, dans la mesure de sa part héréditaire.

Quand, pour 70,000 fr., je vends à mon cohéritier mes droits successifs, il en est autrement. Je lui vends, non-seule-

ma part dans les biens corporels indivis entre nous, mais ma part dans les créances et dans les dettes connues ou inconnues. C'est plus qu'un partage. Un partage, puisqu'il fait cesser l'indivision, ne peut porter que sur les choses indivises : les créances et les dettes ne l'ont jamais été. C'est une vente véritable, où les parties ignorent la consistance de la chose vendue. Ce qu'il y a d'aléatoire, c'est le bénéfice que réalisera mon cohéritier, si des créances inconnues apparaissent : c'est le préjudice qu'il souffrira, si des dettes ignorées se découvrent. Chacun de nous s'est soumis légalement à toutes les chances possibles de perte, parce qu'il courait toutes les chances possibles de gain.

Poursuivi plus tard par les créanciers héréditaires, aux yeux desquels la vente que j'ai faite de mes droits successifs est *res inter alios acta*, je recourrai contre mon acheteur. Je lui réclamerai ce que j'aurai déboursé pour payer les dettes du défunt. Dût cette somme dépasser la valeur de ce que je lui ai vendu, il devra me la rendre : il faut que je sois indemne. Peut-être souffrira-t-il un préjudice : peut-être sera-t-il lésé bien au delà du quart. Il n'aura contre moi, ni recours en garantie, à moins que je n'aie pas été héritier, ni recours en rescision, à moins que je ne sois coupable de fraude. Je suis désormais étranger à la succession. Il est seul héritier : avec sa part de dette, il doit porter la mienne.

Mais, pour qu'il en soit ainsi, pour que l'action en rescision soit non-recevable, il y a des conditions. Il faut que la vente ait lieu aux risques et périls de l'acheteur et qu'elle soit faite sans fraude.

Elle doit avoir lieu aux risques et périls de l'acheteur : c'est ce que j'ai dit déjà en d'autres termes, en définissant la vente de droits successifs. Il faut que l'acheteur ait pris à forfait l'actif et le passif. Il faut qu'il soit chargé, à la place du vendeur et sans aucun recours, d'acquitter les dettes héréditaires. Si donc le cessionnaire ne courait pas de risques, si le cédant lui garantissait tel ou tel objet, lui accordait un recours en cas d'éviction, ou se chargeait des dettes, la rescision serait possible.

La condition qui nous occupe est essentielle à toute vente de droits successifs : il n'est donc pas nécessaire de l'exprimer. D'après l'art. 1696, l'acheteur d'une hérédité acquiert de plein droit à ses risques et périls, puisque le vendeur ne garantit que sa qualité d'héritier. Tout ce qu'exige l'art. 889, c'est qu'aucune clause du contrat n'ajoute à la garantie légale (Nîmes, 2 janv. 1855; Cass., 11 mars 1856.). Réciproquement, il ne suffit pas d'insérer dans une vente entre cohéritiers, la clause qu'elle est faite aux risques de l'acheteur. Il faut encore que la cession présente le caractère aléatoire qui lui est attribué. Si elle intervient après l'inventaire des biens, la liquidation, ou le payement des dettes du défunt, fût-elle qualifiée aux risques de l'acheteur, elle serait rescindable. Il en est de même si, comme dans un arrêt de la Cour de Lyon (2 avril 1819), l'acte qui contient la stipulation des risques et périls, énonce en même temps que le cessionnaire a parfaite connaissance des biens, des dettes et des charges héréditaires. Il en est de même si, comme dans un arrêt de la Cour de Toulouse (23 janv. 1841), il résulte des circonstances que les parties ont apprécié, par elles ou par leurs conseils, la valeur des droits cédés, de sorte que le cessionnaire ne court aucun risque. L'appréciation de ces circonstances dépasse le pouvoir de la Cour de Cassation : elle appartient exclusivement aux tribunaux ordinaires.

La vente doit être faite sans fraude. Si, avant de vendre, j'ai exagéré à mon acheteur l'actif que je lui vendais; si j'ai diminué à ses yeux le passif, il peut, même sans être lésé, se prévaloir de ce double dol pour revenir sur la vente. Il y a fraude encore si, pour vendre plus cher, je déclare ignorer les forces de la succession, dont j'ai pris connaissance. Si les deux parties, également renseignées, feignent une incertitude menteuse pour éluder la loi, la rescision est encore recevable.

« Les tribunaux, disait M. Chabot au Tribunat, décideront

quand il y aura fraudé. Elle dépend presque toujours de circonstances particulières sur lesquelles on ne peut établir de règles générales. »

Si, en cédant ses droits successifs, le vendeur s'est réservé, dans la succession, des objets déterminés, l'acte est-il rescindable? Oui, a répondu la Cour de Cassation le 22 août 1831. Le rapporteur de l'affaire, M. Cassini, avait émis une autre opinion : c'était peut-être avec raison. « Quel motif, disait-il, a fait affranchir de l'action en rescision la vente de droits successifs? C'est que l'*incertum æris alieni*, dit Pothier, dont l'acheteur se charge, empêche qu'on ne puisse dire qu'il y a lésion, et met cet acte au rang des contrats aléatoires, contre lesquels la restitution pour cause de lésion n'est pas admissible. Or, dans l'espèce, l'acquéreur s'est chargé de toutes les dettes de la succession, nonobstant l'abandon fait à sa sœur venderesse, de certains immeubles de la succession. »

§ III.

Transaction.

Dès qu'un acte qualifié transaction a pour objet de faire cesser l'indivision, il est rescindable. Le principe est posé dans le § 1er de l'art. 888. Mais, le § 2 ajoute : « Après le partage ou l'acte qui en tient lieu, l'action en rescision n'est plus admissible contre la transaction faite sur les difficultés réelles que présentait le premier acte, même quand il n'y aurait pas eu à ce sujet de procès commencé. »

Cette disposition si simple n'avait pas besoin d'être écrite dans la loi. La loi fait une exception, d'un cas qui ne rentrait pas dans la règle. Les actes qui font cesser l'indivision sont seuls rescindables : ici, avant l'acte en question, l'indivision avait cessé. Quand le partage, une fois opéré, donne lieu à des difficultés sur lesquelles il intervient une transaction, ce second acte n'est plus un partage : le partage est antérieurement accompli. C'est une véritable transaction qui peut im-

punément contenir la lésion la plus grave : « On n'est pas demeuré en ce cas, disait Lebrun, aux termes d'un simple partage; mais, l'on a fait un nouveau titre aux copartageants. »

Mais, pour qu'il en soit ainsi, il faut que la transaction soit
sérieuse. Il faut qu'elle porte sur des difficultés réelles. Quand
il y a sujet de craindre que les difficultés n'engendrent un
procès, elles sont sérieuses : il n'est pas nécessaire que le procès soit déjà commencé. La transaction, en effet, d'après
l'art. 2044, est un contrat par lequel les parties terminent un
procès né ou préviennent un procès à naître.

Les juges ont le droit de rechercher si la transaction tran-
che des difficultés postérieures au partage, ou si elle n'est
qu'une tentative pour éviter, au moyen de deux actes, la rescision qui menace le premier. Si l'acte qualifié transaction a
pour fondement des contestations feintes; si les parties, pour
éluder la loi, ont fait un premier partage destiné à rester lettre
morte et à être suivi d'une prétendue transaction sur des difficultés imaginaires, dans laquelle se trouverait la lésion de
plus du quart, le juge peut décider que le second acte est
l'acte de partage, que le premier n'est qu'un préparatif, et
qu'il y a lieu d'annuler le tout. Sa décision est souveraine :
elle ne donne pas prise à cassation.

Il y a, en cette matière, un double principe et une double
restriction. Postérieure au partage, la transaction est inattaquable : c'est la première règle. Mais, elle redevient attaquable si elle porte sur des difficultés fictives, si elle n'est pour
les parties qu'un moyen d'éluder la loi. Antérieure ou contemporaine au partage, la transaction est rescindable : c'est la
seconde règle. Mais, nous avons vu que, si cette transaction
est autre chose qu'un partage déguisé, si la cessation de l'indivision est, non son objet immédiat, mais son effet indirect,
non sa conséquence nécessaire, mais son résultat détourné,
si c'est une transaction dans le fond comme une transaction
dans la forme, fût-elle le premier traité qui intervient entre
les héritiers, elle n'est pas rescindable. Si un partage la suit,

11

lui-même ne pourra être attaqué que s'il ne donne pas à l'un des héritiers les trois quarts de ce que lui attribue la transaction (Nîmes, 30 juin 1819).

L'acte par lequel deux époux, après la séparation de biens, règlent leurs droits dans la communauté, est, comme tout partage, accessible à la rescision. Fût-il qualifié transaction ou forfait, la règle est la même. (Cass., 8 avril 1807.) Mais, quand les héritiers de la femme ont renoncé à la communauté, et, incertains de leur droit à la reprise des apports, ont transigé sur ce droit avec le mari, la transaction est inébranlable. (Metz, 1ᵉʳ fév. 1842.) Quand le mari a transigé, ce n'est pas avec des copartageants : après la renonciation, il n'y a plus communauté : c'est avec des créanciers prétendant un droit de reprise sur la communauté. L'acte n'équivaut pas à un partage.

Si les héritiers du mari abandonnent à la veuve la totalité de la communauté, à la charge de payer toutes les dettes, la transaction est sérieuse. La lésion y est indifférente. (Cass., 7 déc. 1847.)

§ IV.

Licitation.

Tout ce que j'ai dit des actes qui font cesser l'indivision s'applique évidemment à la licitation entre cohéritiers. Elle n'est qu'un mode de partage. (Art. 883.) Soit donc qu'elle ait été faite à l'amiable, soit qu'elle ait été faite en justice, elle peut être rescindée pour lésion.

§ V.

Renonciation à prix d'argent.

Une telle renonciation fait cesser l'indivision, au moins vis-à-vis de celui qui la fait. Elle vaut donc un partage, soit complet, soit partiel : elle est donc rescindable pour lésion de plus du quart. Mais, si la renonciation présente les caractères d'une vente aléatoire, il n'en est plus de même. L'hypothèse est régie par l'art. 889.

———

DES FINS DE NON-RECEVOIR CONTRE L'ACTION EN RESCISION DU PARTAGE.

La nullité qui résulte de la lésion peut se couvrir. Soit qu'une renonciation intervienne, soit qu'un acte d'exécution volontaire s'accomplisse, soit que le temps de la prescription s'écoule, le demandeur peut perdre son droit. Il faut étudier ces fins de non-recevoir.

§ I.

Renonciation expresse.

Nous avons vu qu'on ne peut renoncer tacitement à l'action rescisoire, en cachant le partage sous le masque d'un autre contrat. On ne peut y renoncer expressément dans l'acte même qui fait cesser l'indivision. Antérieure ou concomitante au partage, cette renonciation est sans effet. La loi suppose qu'elle est le résultat, soit de la même erreur, soit de la même détresse, qui a fait accepter au cohéritier lésé un partage désavantageux. Entachée du même vice, elle ne peut avoir plus d'efficacité. (Art. 1674.) Il serait inouï qu'une convention rescindable contînt sa propre rectification.

Faut-il frapper d'une nullité pareille la renonciation postérieure au contrat? De graves auteurs l'ont pensé. D'après l'art. 888, la transaction qui intervient sur un partage entaché de lésion n'est pas valable, quand elle a eu pour objet des difficultés qui n'étaient pas réelles. Or, qu'est-ce qu'une transaction sur des difficultés imaginaires, sinon une renonciation déguisée au droit de demander la nullité? Défendre une telle transaction, c'est défendre la ratification du partage. C'est d'ailleurs conforme aux principes. On ne peut ratifier l'acte entaché d'un vice que quand le vice a cessé. Pour guérir un acte malade, une confirmation malade serait un remède impuissant. Or, tant que le déficit qui constitue la lésion n'est pas comblé, le vice du partage subsiste, prêt à entacher l'acte confirmatif. Ajoutons que, [si la confirmation était possible, elle pourrait se faire ou le lendemain, ou le jour même du partage. Rien ne serait plus facile que de mettre en défaut la prévoyance du législateur.

Ce système a sa logique. Mais, je serais tenté de ne pas l'admettre. Qu'un contrat puisse rester dix ans sous le coup d'une nullité si terrible dans ses conséquences, et si menaçante pour les tiers : que la propriété puisse être paralysée dix ans aux mains des héritiers, sans qu'ils aient aucun moyen d'empêcher ce résultat désastreux : c'est ce qui me semble impossible. Il faut protéger la bonne foi qui a été surprise, ou l'erreur qui a été légitime ; mais quand le copartageant, libre enfin d'erreur ou de besoin, déclare accepter le partage qui le lésait, et avertit ainsi publiquement les tiers de suivre avec confiance la foi de ses cohéritiers, est-il digne de restitution? Peut-il ainsi changer de dessein quand son intérêt change de face, et impunément approuver d'abord, puis désapprouver le partage? Puisque le vice a cessé, à quoi bon le remède? N'est-ce pas sacrifier les légitimes intérêts des tiers à des caprices injustes et à une mauvaise foi non justifiable? N'est-ce pas renverser les rôles, et, après avoir protégé la bonne foi contre la fraude, protéger la fraude contre la bonne foi?

Quand un résultat est si injuste, il ne faut l'accepter qu'en face d'un texte. Or, il n'y en a pas. L'art. 888 est en dehors de notre hypothèse : le rédacteur, en l'écrivant, en prévoyait une autre. Il songeait à ces renonciations déguisées dont parle Pothier : elles sont postérieures au contrat, mais convenues dans le contrat même. Dans la pensée du législateur, ce n'était que la réalisation d'une de ces clauses secrètement arrêtées entre les parties, dès le jour du partage, pour tromper la vigilance de la loi. Mais, quant à ces confirmations loyales d'un acte fait sans réserves, ce n'est pas l'art. 888 qui en parle : c'est l'art. 1338.

Que dit cet article? Qu'une obligation, contre laquelle la loi admet la nullité ou la rescision, peut être expressément confirmée. Voilà le principe, et, dès que la confirmation est l'œuvre d'une volonté libre et d'un jugement éclairé, la protection de l'art. 888 n'a plus de raison d'être. Les dispositions exceptionnelles deviennent sans application, dès qu'elles deviennent sans motif. Objecter que la confirmation ne peut apparaître que quand le vice a disparu, que la lésion ne peut être acceptée que quand la lésion n'existe plus, c'est dire une naïveté. Si la lésion n'existe plus, le partage n'est plus rescindable : s'il n'est plus rescindable, il n'a plus besoin d'être confirmé.

Il y a donc à distinguer. Si la ratification n'est que l'arrière-pensée du partage, si elle est le résultat de la même pression, l'art. 888 la déclare nulle. Celui qui l'a consentie a conservé son action. Si elle est volontaire, si elle est le fruit d'un libre dessein et d'un consentement spontané, l'art. 1338 la déclare valable. Celui qui la consent a perdu son droit. Mais, qui décidera si la confirmation est faite, ou non, en connaissance de cause? Le tribunal. Il appréciera les circonstances, la position respective des parties, la manière dont le partage a été fait. Il appréciera le temps écoulé depuis le partage. Si elle intervient le jour même ou le lendemain, il lui refusera tout effet. Si elle intervient plusieurs années après, son devoir est de la valider (Cass., 29 oct. 1814).

§ II

Exécution volontaire.

« Le cohéritier, dit l'art. 892, qui a aliéné son lot en tout

ou en partie, n'est plus recevable à intenter l'action en rescision *pour dol ou violence*, si l'aliénation qu'il a faite est postérieure à la découverte du dol ou à la cessation de la violence.»

Cet article ne parle pas de la lésion. Quelle règle faut-il lui
appliquer? Devons-nous, du texte qui nous occupe, argumenter *a contrario* ou par analogie? Si nous tirons un argument *a contrario*, où nous mènera-t-il? A refuser toujours la
rescision à celui qui a vendu, ou à la lui accorder toujours?
En un mot, le cohéritier lésé qui a aliéné son bien est-il,
dans tous les cas, déchu de l'action rescisoire? ou peut-il
l'exercer dans tous les cas? ou faut-il dire de lui ce que la loi
dit de la victime du dol : lui enlever l'action si, en vendant,
il connaissait le vice, la lui laisser si, en vendant, il l'ignorait?
Les trois systèmes ont été soutenus.

Ceux qui disent qu'on ne peut jamais, en ratifiant le partage, renoncer directement à l'action rescisoire, disent qu'on
ne peut jamais, en aliénant son lot, y renoncer indirectement.
Ils sont logiques. L'art. 888 leur avait fourni un argument
puissant pour établir le principe : l'art. 892 leur donne un
argument puissant pour établir la conséquence. *Qui de uno
dicit, negat de altero.* L'aliénation de son lot fait perdre à celui qui aliène l'action en rescision pour dol ou violence : la
loi le dit expressément. Donc, l'aliénation de son lot ne fait
pas perdre à celui qui aliène l'action en rescision pour lésion :
la loi le dit implicitement. C'est fort juste, disent-ils. Si, en
effet, le consentement formellement exprimé de renoncer à
cette rescision est comme non avenu, le consentement tacite
qu'on induit de l'aliénation ne peut valoir davantage. — En
réfutant le principe, nous avons plus haut réfuté la conséquence.

D'autres font autrement l'argument *a contrario*. Pour que
la victime du dol ou de la violence se rende, en aliénant, non-
recevable dans sa rescision, il faut que l'aliénation soit postérieure à la découverte du dol ou à la cessation de la violence.
A contrario : pour que la victime de la lésion se rende, en

aliénant, non-recevable dans sa rescision, il n'est pas nécessaire que l'aliénation soit postérieure à la découverte de la lésion. Que le vendeur ait su ou ignoré qu'il a été lésé, il a perdu son action. S'il l'a su, il a renoncé à se plaindre. S'il l'a ignoré, il est en faute. Il n'est en effet ni le jouet d'une force majeure comme la victime de la violence, ni le jouet de manœuvres frauduleuses comme la victime du dol. Dès le lendemain du partage, il pouvait vérifier la lésion : il le devait. Il s'est mis, par son imprudence, dans l'impossibilité de rapporter ce qu'il a vendu. Il ne peut demander que la masse soit reconstituée : lui-même rend impossible la reconstitution.

Mais, où la loi dit-elle que le copartageant lésé a dû, le lendemain du partage, vérifier la lésion ? Cette présomption de faute, que l'interprète met à sa charge, est-elle en harmonie avec le but secourable que se propose le législateur ? Il est aussi facile de constater le dol, que de constater la lésion. Si, en aliénant, le demandeur s'est mis dans l'impuissance de rapporter en nature, il rapportera en moins-prenant. Et, s'il faut opposer à ce système des arguments d'analogie, l'art. 1681 suppose que l'action en rescision est exercée par le vendeur lésé contre un tiers-acquéreur. Le seul fait d'avoir aliéné n'est donc pas contre lui une fin de non-recevoir.

Dans une autre opinion, ce que l'art. 892 dit du dol et de la violence, doit s'appliquer à la lésion. L'aliénation rendra l'héritier lésé non-recevable, si le défendeur prouve qu'en aliénant il se savait lésé. S'il ne peut le prouver, la rescision sera possible. Mais, ce système n'explique pas l'art. 892. D'où vient sur la lésion ce silence de la loi ? Est-ce par oubli ? C'est inadmissible : dans les quatre articles qui précèdent, la loi ne s'occupe que de la lésion. Est-ce avec intention ? Dès lors, on ne peut la soumettre à une règle dont le législateur a eu l'intention de l'exclure. Ajoutons une considération. Appliqué au dol et à la violence, l'art. 892 se justifie facilement : appliqué à la lésion, il ne se justifie plus. Si elle résulte d'une erreur, on peut dire peut-être qu'après la découverte de l'erreur,

l'héritier en aliénant a ratifié la lésion. Mais, si elle résulte
d'une position précaire, peut-on dire la même chose? Quand
un héritier accepte un partage inégal non par erreur, mais
par nécessité, ce n'est pas pour garder les biens de son lot.
C'est plutôt pour les vendre au plus vite, et en tirer l'argent
dont il a besoin. Lui appliquer simplement l'art. 892, c'est
violer deux fois cet article. C'est dépasser son texte, et méconnaître son esprit.

Selon nous, c'est encore à l'art. 1338 qu'il faut se référer.
« A défaut d'acte de confirmation ou de ratification, dit cet
article, § 2, il suffit que l'obligation soit exécutée volontairement, après l'époque à laquelle l'obligation pouvait être valablement confirmée ou ratifiée. » Dès le jour où une renonciation expresse ferait perdre l'action, l'exécution volontaire la
fait perdre. Or, à partir de quel jour l'héritier lésé a-t-il pu
confirmer le partage? Nous l'avons déjà dit : c'est aux magistrats de l'apprécier. Ils examineront si, dans cette aliénation, il
faut voir un acte d'exécution. Ils déclareront si, en vendant, le
demandeur agissait sciemment et librement. Il agissait sciemment s'il avait de la lésion, non une idée vague, non un soupçon confus, mais une connaissance véritable. Il agissait librement, si sa volonté, esclave de la nécessité au jour du partage,
était maîtresse d'elle-même au jour de la vente : si son consentement, altéré par les circonstances lors du premier acte,
était, lors du second, dégagé de toute erreur et de toute
pression : si le besoin qui l'a forcé d'accepter sans réclamer
un lot inégal, ne l'a pas forcé de l'aliéner à la hâte. La vente,
s'il en est ainsi, ratifie la lésion. S'il en est autrement, elle la
laisse subsister. (Cass., 18 fév. 1851 ; 22 fév. 1854 ; 0 mai
1855 ; Nimes, 22 avril 1858.)

§ III.

Prescription.

« Dans tous les cas, dit l'art. 1304, où l'action en nullité ou en rescision d'une convention n'est pas limitée à un moindre temps par une loi particulière, cette action dure [dix ans. » Cette prescription s'applique à la rescision du partage. Elle constitue une ratification tacite. En effet, on peut dire de l'acte entaché de lésion, ce que l'art. 1115 dit de l'acte entaché de violence. Le contrat n'est plus attaquable *s'il a été approuvé*, soit expressément, soit tacitement, *soit en laissant passer le temps* de la restitution fixé par la loi. Nier que notre action soit susceptible de ratification, soit expresse, soit tacite, c'est tenir trop peu de compte de l'art. 1115. La loi, dans la prescription, voit une approbation tacite : et elle déclare prescriptible l'action en rescision.

Nous avons trouvé, dans l'art. 1676, une prescription moins longue. Le vendeur lésé perd son action par le laps de deux ans. Mais, aucun texte ne reproduit ici une prescription si brève : on ne peut étendre les dispositions défavorables. Le copartageant, du reste, est plus favorisé que le vendeur.

Les dix ans courent du jour même du partage : la loi n'a pas fixé d'autre point de départ. Au contraire, le délai ne commence, quand l'acte est affecté de violence ou de dol, qu'au jour où le vice a cessé. C'est que tant que durait la violence, le demandeur n'a pas pu agir. C'est que, tant que durait le dol, il a pu ignorer le préjudice. Quand le vice est la lésion, il n'en est pas ainsi. La loi ne suppose pas que l'héritier lésé s'est trompé sur la valeur de son lot : elle présume que, le sachant inégal, il l'a accepté dans un pressant besoin d'argent.

Si le cohéritier lésé est un mineur, les dix ans courent-ils à dater du partage ? Je ne le crois pas. La prescription qui nous occupe est, comme toute autre, suspendue pendant la minorité; il ne s'agit pas d'un délai préfix : l'art. 1676 le prouve. En matière de vente, le délai de deux ans, dit cet article, par lequel se proscrit l'action rescisoire, court contre les incapables. Donc, *a contrario*, en toute autre matière, dans les autres contrats où la lésion joue un rôle, le délai de la prescription est suspendu en leur faveur.

On objecte l'art. 1314. Lorsque les formalités requises à l'égard des mineurs dans un partage de succession, ont été remplies, ils sont, relativement à cet acte, considérés comme s'ils l'avaient fait en majorité. Or, a-t-on dit, si le mineur avait partagé en majorité, le délai courrait contre lui du jour du partage. — C'est donner à l'art. 1314 une portée qu'il n'a pas. Il faut l'expliquer par ceux qui le précèdent. L'art. 1305 vient de dire que la simple lésion, c'est-à-dire la lésion de moins du quart, donne lieu à la rescision en faveur du mineur contre toutes sortes de conventions. C'est à cette règle seule que l'art. 1314 fait exception. Tout ce qu'il veut dire, c'est que, si le partage est régulièrement fait, le mineur ne sera restituable, comme le majeur, que pour lésion de plus du quart. Il ne s'occupe, en aucune manière, ni du délai de l'action rescisoire, ni du point de départ de ce délai.

De même, si, avant l'expiration des dix ans, un mineur succède à l'héritier majeur qui a souffert la lésion, la prescription s'arrête.

FORMATION DE LA DEMANDE EN RESCISION.

L'action en rescision peut être exercée soit par le copartageant lésé de plus du quart, soit par ses héritiers s'ils sont dans les délais, soit par ses cessionnaires, soit par ses créanciers. Le droit n'est pas exclusivement attaché à la personne : c'est un droit pécuniaire. L'action n'a qu'un objet. L'héritier lésé ne peut conclure qu'à une chose : la nullité du partage. Aussi, doit-il, sans distinguer, mettre en cause tous ses cohéritiers, ceux qui ont dans leur lot une part trop forte, ceux qui n'ont que leur exacte portion, ceux même qui, comme lui, ont éprouvé un préjudice. Ils ont également concouru au partage. Pour que le jugement soit opposable à tous, il faut que tous soient mis en cause.

Comment constater la lésion? Le code est muet sur ce point. Quand il s'agissait de la vente, il a tracé avec soin les règles à suivre. Aucun texte, en matière de partage, ne renvoie à ces dispositions : elles sont inapplicables. Malgré l'art. 1677, le juge peut admettre l'action en rescision, sans que des faits et graves et vraisemblables fassent présumer la lésion. Malgré l'art. 1678, il peut, sans s'éclairer d'une expertise, déclarer qu'il y a lésion. Il peut faire lui-même l'estimation des objets héréditaires, et, sans qu'aucune loi lui trace la marche à suivre, selon qu'il résulte des faits et qu'il ressort des circonstances que la demande est légitime ou mal fondée, admettre ou rejeter la prétention du demandeur. (Cass., 3 déc. 1833).

C'est le tribunal du lieu où la succession s'est ouverte, qui connaîtra de la demande en rescision. Il est vrai que l'art. 59-6°, proc., semble ne donner compétence à ce tribunal que jusqu'au partage inclusivement. Mais, la demande en rescision tend à anéantir le partage fait, à reconstituer l'indivision, et à procéder sur des bases nouvelles à une division nouvelle de l'hérédité. « Le partage est toujours censé imparfait, disait Lebrun, jusqu'à ce que chacun des héritiers ait eu divisément ce qu'il avait par indivis : en sorte que cette restitution est une véritable demande en achèvement de partage.» On ne peut donc nier ici la compétence d'un tribunal, compétent jusqu'au partage inclusivement. D'ailleurs, la connaissance qu'a ce tribunal des opérations qui soit préparé, soit consommé le partage, le rend plus apte que tout autre à savoir si la prétention du demandeur est juste ou mal fondée.

———

DE L'OFFRE D'UN SUPPLÉMENT.

L'action en nullité pour dol ou violence mène forcément à un nouveau partage. Le lot du demandeur n'est peut-être pas inégal. Peut-être n'a-t-il à la nullité d'autre intérêt que l'avantage éventuel d'obtenir, par un nouveau partage, les biens qui sont dans le lot de ses copartageants. Il se peut que leur lot, comparé au sien, soit plus à sa convenance. Dans le cas de lésion il en est autrement. « Le défendeur à la demande en rescision, dit l'art. 891, peut en arrêter le cours et empêcher un nouveau partage, en offrant et en fournissant au demandeur le supplément de sa portion héréditaire, soit en numéraire, soit en nature. »

Pourquoi la différence? C'est que la lésion n'est pas un vice du consentement. Il est vrai que, dans une certaine mesure, le consentement a pu être altéré. La lésion a pu être mêlée soit d'erreur, soit même d'un certain dol, si les copartageants ont abusé de la position précaire de l'un d'eux, pour lui imposer un lot inégal que ni l'embarras de ses affaires, ni l'urgence de sa situation ne lui permettaient de refuser. Mais ce dol n'a ni des caractères assez positifs ni une nature assez tranchée pour être saisissable. Il ne produit en somme, comme cause de rescision, que l'inégalité qui résulte du partage. Pour réparer cette inégalité deux chemins sont ouverts. C'est d'abord de remettre en commun tous les biens et d'en faire, cette fois, une équitable répartition. C'est, plus simplement, de compléter le lot inférieur et de le ramener à la mesure des autres. Les deux moyens réparent également le préjudice : ils ôtent également à l'action sa cause.

L'intérêt des tiers et du crédit public protestait d'ailleurs contre les suites désastreuses d'une nullité inévitable. Rétablir l'indivision, c'est remettre en question tous les droits qu'a fixés le partage. C'est entraîner souvent d'irréparables conséquences. Si l'un des héritiers a vendu un des biens de son lot, si sur un autre il a constitué des servitudes, si sur un autre il a consenti des hypothèques, son droit de propriété qui s'efface efface en même temps les droits qui en procèdent. Nés d'une propriété apparente, ils ne peuvent conserver une existence réelle. Propriétaire sous condition résolutoire, l'héritier qui les a transmis n'a transmis que des droits résolubles. De là un préjudice pour les tiers-acquéreurs. De là, des recours en dommages-intérêts contre les défendeurs à l'action rescisoire.

Les défendeurs auront évité ces préjudices, ils seront soustraits à ces recours si, en offrant à l'héritier lésé de compléter son lot, ils arrêtent le cours de l'instance. Mais ils n'ont pas, comme l'acheteur, droit à la déduction d'un dixième. Ce privilége serait incompatible avec l'égalité essentielle au partage. A plus forte raison, ils n'auraient rien fait en offrant au demandeur les trois quarts de sa part héréditaire. Si, dès le principe, le demandeur les avait eus, sa plainte eût été mal fondée. Mais, dans notre matière, mieux vaut une grave lésion qu'un faible préjudice. Le demandeur doit donc, en somme, suivant l'expression de Lebrun, « trouver dans ce qui lui est donné la juste valeur de ce qui lui appartient. »

Le supplément peut être fourni en numéraire ou en nature. L'option est au demandeur. En effet, dès que la loi établit une alternative, sans réserver le choix au créancier, il est au débiteur. Le supplément en nature ne peut comprendre que des objets de la succession : le demandeur n'est pas tenu d'accepter des corps étrangers. Sa part héréditaire ne peut être complétée que par des biens héréditaires. Ces biens lui seront comptés, non sur le pied de ce qu'ils valaient au temps du partage, mais sur le pied de ce qu'ils valent actuellement. S'ils ont diminué de valeur, le demandeur sera plus riche que s'il n'avait jamais été lésé; car, les biens valant moins aujourd'hui qu'au partage, il en faut plus pour compléter le quart. S'ils ont augmenté de valeur, le demandeur sera moins riche que s'il n'avait jamais été lésé : car, les biens valant plus aujourd'hui qu'au partage, il en faut moins pour compléter le quart.

Aussi, le défendeur devra-t-il y prendre garde. Pour arrêter l'action du demandeur, si le prix des biens a monté, il aura intérêt à l'indemniser en numéraire. Si le prix des biens a baissé, il aura intérêt à l'indemniser en nature.

L'art. 891 s'applique même si la lésion est énorme, c'est-à-dire d'outre-moitié. Dans l'ancienne jurisprudence, la question était controversée. Mais le Code, par la généralité de ses termes, se refuse à toute distinction. Les tiers-possesseurs, les créanciers, ceux qui ont reçu des droits réels sur les immeubles partagés, tous les ayant-cause en un mot intéressés au maintien du partage, ont, comme le défendeur, la faculté d'arrêter la rescision en fournissant le supplément en numéraire. (Art. 1466.)

Au défendeur est le choix des corps héréditaires qui composeront le supplément. Mais ce choix n'est pas arbitraire. Nous avons vu qu'il ne peut porter sur des biens étrangers à la succession : ce n'est pas la seule restriction. Les défendeurs doivent éviter encore de morceler les héritages et de diviser les exploitations. Ils doivent offrir un fonds entier, plutôt que des morceaux taillés dans une foule de fonds. Ils doivent voir de bonne foi quels immeubles sont à la convenance du demandeur, quels objets feraient suite aux objets de son lot, quels biens en seraient le complément naturel. Si des difficultés s'élèvent, soit sur la nature des biens, soit sur leur estimation, les tribunaux prononceront.

Soit que le défendeur ait choisi le supplément en nature, soit qu'il ait choisi le supplément en numéraire, les fruits du premier, les intérêts du second, ne sont dus qu'à compter de la demande. Tant que l'action n'est pas intentée, le copartageant avantagé par le partage est présumé posséder de bonne foi. Il n'a usé ni de dol ni de violence.

S'il y a plusieurs défendeurs, ils doivent se concilier sur le parti à prendre. S'ils sont d'avis différents, s'ils veulent, les uns que la rescision soit empêchée, les autres que la rescision soit prononcée, l'action suivra son cours naturel. Comme, en définitive, elle a une fin unique : le rétablissement de l'indivision, l'indivision sera rétablie. Mais, celui des héritiers qui s'opposait à la rescision a, pour s'y soustraire, une dernière ressource : c'est de parfaire, à lui seul, le supplément. Mais, s'il choisit ce parti, il n'a aucun recours contre ceux qui le repoussaient. En consentant à un second partage, ils ont prouvé que le premier ne les avait pas avantagés.

L'héritier qui, contre l'avis de ses cohéritiers, veut par un supplément éviter un nouveau partage, a-t-il ce droit dans tous les cas ? Une succession de 400,000 fr. est dévolue à quatre héritiers. Ils ont des droits égaux ; mais le partage ne leur a pas donné des lots égaux. *Primus* a obtenu 180,000 fr. ; *Secundus* et *Tertius* 75,000 : *Quartus* n'en a obtenu que 70,000. Secundus et Tertius sont lésés du quart ; mais Quartus seul, lésé de plus du quart, a l'action rescisoire. Secundus et Tertius saisiraient évidemment avec joie, dans l'indivision rétablie, l'espérance d'un partage plus équitable. Invités par Primus à contribuer à l'offre d'un supplément, ils refuseront évidemment. Si, pour éteindre l'action de Quartus, Primus avantagé de 80 consent à donner 30 de son lot, peuvent-ils l'en empêcher ? Je ne le crois pas. Quartus une fois indemnisé, son action, faute d'objet, est éteinte. En face de l'égalité rétablie de ce côté, les deux autres restent impuissants. Pour demander la rescision, ils ont intérêt : ils n'ont pas qualité.

Le défendeur peut user de l'option pendant tout le cours de l'instance. Il le peut même après le jugement, tant que les délais d'appel ne sont pas expirés. L'instance, en effet, peut se rouvrir : la demande en rescision n'est donc pas irrévocablement admise : on peut dire que l'héritier qui offre un supplément en arrête le cours : le texte de l'art. 891 est respecté. Mais, on ne peut plus dire la même chose, quand la décision qui déclare le partage nul a acquis force de chose jugée. L'offre d'un supplément est dès lors tardive. Le jugement est un quasi-contrat : il crée entre les parties des droits nouveaux et de nouvelles obligations.

On a soutenu cependant que jusqu'au second partage, le défendeur pouvait fournir le supplément. Ce système, comme le nôtre, s'appuie sur le texte. L'art. 891, en effet, n'autorise pas seulement le défendeur à arrêter le cours de la demande :

il l'autorise aussi à empêcher un nouveau partage. L'option ne cesse donc pas pour le défendeur, dit ce système, quand commence pour le jugement la force de chose jugée. Quand cessera-t-elle? Selon les uns, au moment où commencera le second partage. Selon les autres, au moment où il sera consommé; mais, le défendeur qui l'aura laissé commencer, en devra payer les frais.

Je crois qu'il est plus sage de s'en tenir à notre doctrine. Elle trace une limite certaine. L'autre système mène à deux routes, entre lesquelles l'esprit hésite. Quand la loi dit que le défendeur peut, par l'offre d'un supplément, arrêter le cours de la demande et empêcher un nouveau partage, je vois là, non l'expression de deux idées distinctes, mais le redoublement d'une idée unique. Le législateur ne pose pas un second principe : il détermine la conséquence du premier. Ces pléonasmes sont fréquents dans le Code.

<hr>

EFFETS DE LA RESCISION PRONONCÉE.

L'effet de la rescision prononcée est de rétablir l'indivision. Elle est réputée avoir toujours subsisté, depuis le jour où la succession s'est ouverte. Le second partage seul la fera cesser. C'est que la résolution qui s'opère par l'effet d'un vice contemporain au contrat, l'anéantit dès son origine. Tous les effets qu'il a pu produire à l'égard soit des contractants, soit des tiers, sont anéantis.

Par une fiction de la loi, les biens, en rentrant dans l'indivision, sont réputés n'en être jamais sortis. Ils sont restés aux risques et périls de la masse commune. Les améliorations fortuites si les biens ont augmenté de prix, les détériorations accidentelles s'ils se sont dépréciés, les pertes s'ils ont péri, toutes les variations en un mot qui, dans l'intervalle des deux indivisions, ont changé la valeur des biens héréditaires, sont

au profit de la masse, ou tombent à sa charge. Et des conséquences de la nullité, c'est là la moins funeste. Il en est une
plus désastreuse: j'en ai déjà parlé. C'est que les aliénations que
les copartageants ont faites, c'est que les hypothèques qu'ils
ont consenties, c'est que les servitudes qu'ils ont constituées,
c'est que les autres droits réels qu'ils ont pu établir, s'évanouissent rétroactivement. Le résultat est déplorable : mais,
comment s'y soustraire? «Ceux qui n'ont sur l'immeuble, dit
l'art. 2125, qu'un droit suspendu par une condition, ou réso-
luble dans certains cas, ou sujet à rescision, ne peuvent consentir qu'une hypothèque soumise aux mêmes conditions ou
à la même rescision. »

Contre l'injustice de ces conséquences, les jurisconsultes
sont entrés en campagne. Les uns ont réclamé pour les tribunaux le droit de maintenir de telles aliénations. Les autres
ont dit qu'il fallait les valider, comme on valide celles qu'a
consenties un héritier apparent. C'est ainsi qu'on a tenté, par
tous les moyens, de défendre la cause des tiers. C'était une
mauvaise cause. Aux premiers, je répondrai que rien n'est
plus arbitraire que d'armer les juges d'un pouvoir que la loi
leur refuse. Jamais textes furent-ils plus absolus que les
art. 1183 et 2125? Dire qu'en présence de ces textes, le juge
peut suivre l'équité, c'est lui donner la faculté, non d'appliquer, mais de violer la loi. Aux seconds je répondrai que,
comme eux, j'assimile, dans le cas qui nous occupe, les copartageants défendeurs à l'héritier apparent. Mais, ce n'est
pas pour déclarer valables leurs aliénations : c'est pour déclarer nulles les unes et les autres.

Chaque immeuble, dit-on, doit être représenté par une
personne, avec laquelle les tiers puissent traiter sûrement.
Chaque héritier en conséquence peut aliéner la part qu'il a
reçue dans l'universalité héréditaire. C'est un mandat qu'il
tient de ses cohéritiers, qu'il tient, à leur défaut, de la loi
elle-même. Il est mandataire *cum libera potestate*. — Mais
quand, pour établir une théorie, on s'appuie sur les principes

du mandat ordinaire, il no faut pas les excéder. Jamais ils n'ont donné au mandataire le pouvoir d'aliéner. Celui qui a reçu d'un des copartageants l'un des immeubles héréditaires, se trouve, la rescision prononcée, l'avoir reçu *a non domino.* Déclarer sa propriété stable, c'est rayer du code l'art. 2265. C'est dispenser de la prescription de dix ou vingt ans celui qui achète un immeuble d'un faux propriétaire : c'est lui accorder, comme à l'acheteur d'un meuble, la prescription instantanée.

Mais, tout n'est pas perdu pour ces acheteurs évincés. Il leur reste deux choses. Ils ont d'abord l'espoir que, par l'effet d'un second partage, les biens sur lesquels leurs droits portent reviennent à l'héritier qui a consenti ces droits. Cet héritier, en ce cas, ne peut se prévaloir de la rescision contre ses propres ayant-cause. Son droit n'est pas résolu, puisqu'il est confirmé. En vertu de l'art. 883, du jour de l'ouverture de la succession il était propriétaire : du même jour, les tiers ont pu recevoir de lui des droits inébranlables. Ils ont ensuite, si l'événement du partage trahit cette espérance, un recours en dommages-intérêts contre les auteurs de leurs droits illusoires.

On ne peut rechercher de même les acquéreurs de meubles, à moins que les meubles n'aient été soit perdus, soit volés, ou que l'acquéreur ne soit de mauvaise foi. S'il est de bonne foi, il ne tient pas seulement ses droits du vendeur. Sa possession, n'eût-elle duré qu'un instant, a interverti son titre (Art. 2279.). C'est parce qu'il a prescrit, non parce qu'il a acheté qu'il est propriétaire.

Les aliénations d'immeubles consenties par le demandeur ne sont pas traitées comme celles des défendeurs. Elles sont maintenues. Garant de l'éviction vis-à-vis de son acheteur, il ne peut l'évincer. Il est vrai que les défendeurs ne doivent pas la même garantie : ils n'ont rien transmis aux tiers-acquéreurs : d'où vient donc qu'ils ne peuvent leur reprendre les biens pour les remettre à la masse? C'est que, par cette éviction, ils ouvriraient aux acheteurs un recours en garantie contre le demandeur : ils entraveraient ainsi l'exercice de "action rescisoire. Or, l'exercice en doit toujours être libre.

La masse à diviser dans ce second partage ne sera donc pas la même que la masse divisée dans le premier. Elle comprendra d'abord les immeubles restés dans le lot des défendeurs. Elle comprendra encore ceux qu'ils ont aliénés. Elle comprendra enfin ceux qui sont restés aux mains du demandeur. Mais, si quelques-uns sont sortis de ses mains, ils ne rentreront pas dans la masse commune : ils seront rapportés non en nature, mais en moins-prenant. Il en sera de même des meubles aliénés par tous les héritiers. Ce rapport fictif des biens ainsi vendus sera fait sur le pied de leur valeur actuelle. Mais, les défendeurs ont le droit d'exiger, s'ils y trouvent intérêt, que le prix de vente soit rapporté à la masse partageable. Par là, ils ratifient l'acte que le demandeur a fait, en aliénant seul un objet que les circonstances depuis ont déclaré indivis.

La condition résolutoire ne rétroagit pas contre les actes de simple administration. Chaque héritier a reçu des autres mandat tacite d'administrer les biens que comprenait son lot. Restreint dans ces limites, le mandat peut se présumer. Les copartageants devront donc respecter les baux faits sans fraude par l'un d'eux.

Les cohéritiers ne doivent compte à la masse, soit des fruits des biens, soit des intérêts des capitaux, que du jour de la demande. C'est ce que l'art. 1682 décide quand la vente est rescindée. Quand c'est le partage, les mêmes motifs commandent la même solution. Bien que la loi présume que le contractant lésé était sous l'empire du besoin encore plus que de l'erreur, elle n'en présume pas moins la bonne foi de ses cocontractants. Comme, dans les divers cas, la lésion peut résulter de causes diverses, comme, en toutes ces matières, il y a quelque chose de complexe dans l'idée fondamentale et de multiple dans le principe dirigeant, la loi incline toujours aux solutions les plus douces. Deux voies lui étaient ouvertes : poser toujours une présomption de bonne foi, quitte à voir dans certains cas la mauvaise foi en profiter; poser toujours une présomption de mauvaise foi, quitte à l'imposer souvent à la bonne foi. La loi a choisi le premier parti.

Si, par de sages améliorations, l'un des héritiers a augmenté la valeur des biens qu'il rapporte, une indemnité lui est due. La masse lui remboursera intégralement les impenses nécessaires, sous la déduction de sa part contributoire. Dussent-elles n'avoir pas profité au fonds, la décision serait la même. On lui remboursera, des dépenses utiles la plus-value qu'elles ont donnée au fonds. Mais, il supportera seul les dépenses voluptuaires, sauf son droit d'enlever ce qu'il pourra détacher de la chose sans la détériorer. Il supportera de même les frais d'entretien : c'est une charge des fruits qu'il est dispensé de rendre. En retour, si ses dégradations ont diminué la valeur de son lot, il en devra compte à la masse.

LA LOI DU 23 MARS 1855 A-T-ELLE QUELQUE APPLICATION DANS LA RESCISION DES PARTAGES POUR LÉSION?

Quand le partage d'une succession est rescindé pour lésion, il est rétroactivement anéanti. Les immeubles héréditaires sont réputés n'être jamais sortis de la masse commune. Après ces deux indivisions, séparées l'une de l'autre par un partage effacé, les héritiers tiendront les biens qui vont définitivement leur échoir, non de tous leurs cohéritiers, non de ceux à qui le premier acte avait donné ces biens, mais du défunt. Comme au jour du premier partage, ils seront les ayant-cause immédiats du *de cujus*. Pour savoir donc s'il faut transcrire le second partage, il faut se demander si l'on eût transcrit le premier.

Or, nul acte opérant translation de propriété par suite de

décès n'est soumis à la transcription. L'héritier qui acquiert des biens par le partage, n'est pas tenu de rendre publique son acquisition. Une publicité suffisante s'attache au décès. Du reste, dans quel but ferait-il transcrire? Pour se mettre à l'abri des aliénations que son auteur consentirait ultérieurement? Cet auteur est mort. Pour se protéger contre les aliénations antérieures non transcrites? Il est tenu de les respecter quand même. Pour se garder contre les aliénations soit antérieures, soit postérieures, de ses copartageants? Il n'est pas leur ayant-cause. Il ne fera donc pas la transcription. Il n'a ni intérêt qui l'y engage, ni texte de loi qui l'y oblige.

Mais, par l'effet du premier partage aujourd'hui rescindé, chaque héritier a cru légitimement acquérir les biens de son lot. L'un d'eux en conséquence a pu vendre à un tiers un des immeubles qu'il comprenait. Si l'acheteur a transcrit, il s'est, par cette formalité, présenté au public comme propriétaire; et, quand la rescision prononcée le dépouille de ce bien, quand un nouveau partage non transcrit fait un nouveau propriétaire, n'y a-t-il pas là un grand danger? L'acheteur a reçu son droit par un acte que le public connaît : il le perd par un acte que le public ignore. Si, sur la foi de ce titre, dont une transcription révèle la naissance, dont nulle transcription ne révèle l'anéantissement, des tiers se présentent pour traiter avec lui, si sur ce bien qu'il a perdu il leur constitue des droits réels, ne sont-ils pas trompés? L'avoué qui obtient le jugement de rescision ne devrait-il pas, en conséquence, le mentionner en marge de la transcription faite par l'acheteur? Ne serait-ce pas, au point de vue des tiers, une sage précaution contre les surprises?

Aucun texte n'impose à l'avoué cette obligation : il n'est tenu de transcrire que le jugement portant rescision d'un acte transcrit. (Art. 4.) Les tiers s'informeront comme ils pourront. Mais, ils feront bien de chercher, au cas qui nous occupe, une protection quelconque contre les indications d'un registre institué pour les protéger.

DE LA LÉSION DANS LES PARTAGES D'ASCENDANTS.

A QUELLES CONDITIONS LE PARTAGE D'ASCENDANTS PEUT-IL ÊTRE RESCINDÉ POUR LÉSION?

Les ascendants peuvent faire entre leurs descendants, soit par acte entre-vifs, soit par acte de dernière volonté, le partage de leurs biens. « A qui donc, disait au Conseil d'Etat M. Bigot-Préameneu, pourrait-on confier avec plus d'assurance la répartition des biens entre les enfants qu'à des pères et mères qui, mieux que tous autres, en connaissent la valeur, les avantages et les inconvénients; à des pères et mères qui rempliront cette magistrature, non-seulement avec l'impartialité des juges, mais encore avec ce soin, cet intérêt, cette prévoyance que l'affection paternelle peut seule inspirer?

» Cette présomption, quelque forte qu'elle soit en faveur des pères et mères, a cependant encore laissé des inquiétudes sur l'abus que pourraient faire de ce pouvoir ceux qui, par une préférence aveugle, par orgueil ou par d'autres passions, voudraient réunir la majeure partie de leurs biens sur la tête d'un seul de leurs enfants. » Pour calmer ces inquiétudes, la loi édicte l'art. 1079 : « Le partage fait par l'ascendant pourra être attaqué pour cause de lésion de plus du quart; il pourra l'être aussi dans le cas où il résulterait du partage et des dispositions faites par préciput, que l'un des copartagés aurait un avantage plus grand que la loi ne le permet. »

Ainsi, la loi prévoit deux hypothèses et veut prévenir deux dangers. M. Jaubert, au Tribunat, faisait nettement la dis-

tinction : « Ou le père, disait-il, s'est borné à un partage pour
tout ce qu'il a laissé à ses enfants, ou, indépendamment du
partage, il a fait des dispositions par préciput en faveur d'un
de ses enfants. Si le père n'a fait d'autre disposition que le
partage, l'acte ne pourra être attaqué que pour cause de
lésion de plus du quart. Si le père fait le partage après avoir
disposé de tout ou de partie de la portion disponible, la loi
veut alors que, quoiqu'il n'y ait pas une lésion du quart dans
le partage, il y ait lieu de l'attaquer, si, en cumulant la disposition et l'excédant de la portion que chacun aurait dû
avoir, si les parts avaient été égales, le père a été au delà de
son droit de disposer. »

Le partage d'ascendant est donc rescindable avant tout
pour lésion de plus du quart. C'est l'application à un cas particulier de la règle générale posée par l'art. 887. En effet,
l'ascendant qui, par donation ou testament, distribue ses
biens entre ses enfants, ne leur fait, à proprement parler, ni
une donation, ni un legs. Il règle lui-même l'exercice de leur
droit de succession *ab intestat* : il fait pour eux ce qu'eux-
mêmes feraient à son décès : il fait un partage. En se substituant à ses enfants dans l'exercice de leur droit, il s'y substitue
par là-même dans l'accomplissement de leurs obligations. S'il
peut, comme eux, faire le partage, il doit, comme eux, y respecter l'équité. Si l'un des enfants a reçu 15, et qu'en supposant le partage égal, il dût recevoir plus de 20, il a l'action
en rescision.

Que l'ascendant ait respecté ou dépassé les limites de la
quotité disponible, peu importe. La décision est la même. Ce
n'est pas, en effet, de l'importance de la réserve qu'il faut ici
se préoccuper : il ne s'agit pas, nous l'avons vu, d'une libéralité ; il s'agit d'un partage, et une seule chose est à rechercher : l'enfant a-t-il obtenu, ou non, les trois quarts de sa
part exacte? S'il n'a pas ce chiffre, il peut se plaindre, eût-il
reçu plus que sa réserve. S'il a ce chiffre, il ne peut réclamer, eût-il reçu moins que sa réserve.

Mon père laisse 60,000 fr. de fortune et deux enfants. Au lieu de donner exactement 30,000 fr. à chacun, il attribue 38,000 fr. à mon frère et 22,000 à moi. J'ai plus que ma réserve : elle n'est que de 20,000 fr.; mais, j'ai moins des trois quarts de l'exacte moitié des biens partagés ; il me faudrait 22,500 fr. : j'attaquerai donc le partage. Réciproquement, mon père laisse 80,000 fr. et trois enfants. Mais, il a fait à un étranger une donation de 20,000 fr. : la masse qu'il nous partage est encore de 60. S'il donne à l'un de mes frères 25, à l'autre 20, et à moi 15, je n'ai pas ma réserve : elle est ici de 20. Mais, j'ai les trois quarts de la portion qui m'appartenait dans les 60 à partager : je ne puis me plaindre.

Cette dernière décision a été contestée. La réserve, a-t-on dit, est la succession *ab intestat* nécessaire : c'est un bénéfice assuré par la loi à certains héritiers : ils ne peuvent en être privés, même pour partie, par les dispositions de l'homme. Mais, cette considération ne peut prévaloir contre les principes. Il n'y a pas d'action, au cas qui nous occupe, par la double raison, que nul n'a reçu trop et que nul n'a reçu trop peu. L'action n'aurait ni défendeur qui ait qualité pour être poursuivi, ni demandeur qui ait qualité pour poursuivre. L'étranger n'a reçu que la quotité disponible : il est à l'abri de toute attaque. Je n'ai pas été lésé de plus du quart par le partage : c'est comme si j'avais obtenu ma part entière.

Ajoutons que si, en présence d'un étranger donataire du disponible, l'enfant qui n'a pas toute sa réserve est sans ressource, cette lacune de la loi est moins grave qu'on ne pense. Elle montre une connaissance profonde du cœur humain. Depuis Solon qui n'édictait pas de peine contre le parricide, tous les législateurs ont laissé de côté certaines hypothèses rares ; incapables de faire face, avec des solutions diverses, à l'infinie diversité des faits, ils se sont contentés de prévoir les plus fréquents. Il est peu probable qu'un ascendant dépouille ainsi sa postérité, pour enrichir une personne qui lui est ou étrangère, ou unie par des liens moins étroits. Un autre dan-

ger est plus à craindre. C'est que le père gratifie, non un
étranger, mais l'un de ses enfants. Le législateur protégé avec
raison dans ce cas, celui dont une préférence aveugle sacrifie
les intérêts et les droits. C'est l'hypothèse de l'art. 1079-2°.

Supposons, comme tout à l'heure, 80,000 fr. et trois enfants. Mon père fait par préciput un legs de 20,000 fr. à mon
frère Jacques, et lui donne en plus, dans le partage, un lot
de 25,000 fr. A mon frère Jean, il donne 20,000 fr., à moi
15,000. Je puis me plaindre : Jacques a un avantage plus
grand que la loi ne le permet. Considérée isolément chacune
des deux dispositions est irréprochable. La donation faite à
Jacques ne dépasse pas le disponible : le lot qui m'est attribué
me donne les trois quarts de ma part dans les objets partagés
Mais, les 20,000 fr. que Jacques a reçus par préciput, joints
aux 25,000 fr. qu'il a reçus par le partage, lui donnent un
avantage de 45,000 fr. La réunion du tout dépasse les valeurs
réunies du disponible et de sa fraction exacte de réserve. Le législateur présume que l'ascendant n'a usé du partage que
pour frauder la loi, et faire avoir à un enfant plus que sa
réserve et le disponible réuni.

Pourquoi, dans ce cas, ne présume-t-on plus la bonne foi
du père de famille? C'est que, disait M. Berlier, « cette présomption ne saurait être admise pour quiconque a étudié le
cœur humain : comment pourrait-on croire que celui qui a
déjà gratifié un de ses enfants au préjudice des autres par
une disposition directe, ne le fera pas encore par la voie du
partage, si cette voie lui est ouverte? Loin que le don fait
par préciput doive faire présumer que la libéralité s'arrêtera
là, l'inégalité déjà introduite entre les enfants, doit faire
craindre qu'on ne l'étende davantage. »

Le projet (art. 156) n'accordait pas à la fois à l'ascendant
et le droit de faire aux enfants des libéralités préciputaires et
le droit de leur partager ses biens. Il devait opter. Ce système
avait ses inconvénients, parce que chaque faculté avait ses
avantages. « Il eût été injuste, disait M. Bigot-Préameneu, et

même contraire au but que l'on se proposait, de refuser au
père qui, lors du partage entre ses enfants, pouvait disposer
d'une partie de ses biens, l'exercice de cette faculté dans le
partage même. C'est ainsi qu'il peut éviter des démembre-
ments, conserver à l'un de ses enfants l'habitation qui pourra
continuer d'être l'asile commun, réparer les inégalités natu-
relles ou accidentelles. « Au lieu de retirer au père de famille,
qui a les deux droits séparément, le pouvoir de les exercer
ensemble, la loi fit mieux. Elle ne proscrivit pas, comme pou-
vant devenir illégitime, l'exercice souvent sage d'une faculté
avantageuse : elle n'en frappa que les écarts. Elle n'ôta pas
les moyens de commettre l'abus : elle donna ceux de le combattre. « L'objet de la loi, disait M. Jaubert, est de ne conserver au père qu'un seul moyen d'avantager un de ses enfants
au préjudice de l'autre. S'il se borne à un partage, il peut
faire cet avantage en donnant à l'un une portion plus forte,
pourvu que l'autre ne soit pas lésé de plus du quart. Fait-il
en même temps un don et un partage dans lequel il y ait une
portion plus forte ? Si l'excédant de cette portion et le don
surpassent la quotité disponible, le partage peut être attaqué,
quoique l'autre enfant soit lésé de moins du quart dans le
partage. Autrement, un père pourrait favoriser un de ses
enfants de deux manières : 1° en donnant la quotité disponible ; 2° en faisant un partage inégal avec la précaution de ne
pas excéder le quart : et c'est ce que la loi ne permet pas. »

Peu importe que la libéralité ait précédé, accompagné ou
suivi le partage, qu'elle se confonde avec lui ou qu'elle en
soit distincte, qu'elle résulte d'une donation ou d'un testament.
La loi n'a pas fait de distinction : ni son texte, ni son esprit
ne permettent d'en faire. En laissant à l'ascendant un moyen
détourné de dépasser la limite qu'elle impose, elle eût manqué son but.

Pour accorder la rescision contre cette lésion de moins du
quart, il faut rester strictement dans l'hypothèse prévue par
la loi. Il ne suffit pas qu'un partage quelconque donne à l'hé-

ritier déjà gratifié du disponible, un lot plus fort qu'à ses cohéritiers. Il faut que ce partage où il est avantagé, soit fait
par le père de famille. S'il est amiable ou judiciaire, la loi ne
s'applique plus : nous sommes hors du cas qu'elle prévoit. Les
raisons qui motivent l'art. 1079-2° ne sont plus les mêmes :
la présomption de fraude n'existe plus : nous revenons à la
règle générale qui ne tient pas compte de l'inégalité des lots,
quand elle ne dépasse pas le quart.

Tout descendant lésé de plus du quart par l'acte de partage,
peut en demander la rescision. Eût-il reçu, en compensation
d'un lot inégal, une libéralité par préciput ; eût-il obtenu par
elle autant et plus, en définitive, que ses cohéritiers, la décision est la même. La donation par préciput est en dehors de
la question. Les biens sur lesquels elle a porté n'ont jamais
fait partie de la masse partageable : ils n'ont jamais pu faire
qu'elle ait été divisée également. Le partage doit tirer sa validité de lui-même, non d'un acte qui lui est étranger.

Quelle action naît de l'art. 1079 ? C'est ce que la loi n'a pas
précisé. Est-ce une action unique ; sont-ce deux actions diverses, qui résultent soit de la lésion de plus du quart, soit
d'un avantage plus grand que la loi ne le permet ? La question est controversée. Il est d'abord un fait constant : c'est que
l'action qui naît de la lésion de plus du quart est, dans ce cas
comme dans les autres, l'action en rescision. Si le Code ne
la nomme pas, son silence, significatif comme un texte formel,
montre la volonté d'assimiler le partage d'ascendants au partage entre cohéritiers. Mais, quand ce qui vicie le partage est
la violation des règles du disponible, faut-il dire la même
chose ? L'action est-elle en rescision encore, ou en réduction ? Les auteurs se divisent.

Je crois que la loi, mettant les deux cas sur la même
ligne, les confond par là-même dans une action unique. Je
donnerais donc, dans ce cas comme dans l'autre, l'action en
rescision. La loi, dans ces deux hypothèses, regarde le de-

mandeur comme lésé. Or, c'est à une rescision, jamais à une réduction que la lésion donne lieu. Le principe du droit est le même : l'exercice du droit doit être semblable.

La jurisprudence, toutefois, est d'avis contraire. Suivant elle, la loi, en s'abstenant de qualifier les deux actions, s'est référée au droit commun. Diverses par leur origine, il faut les apprécier diversement. Quand la plainte se fonde sur une lésion, on procède par rescision. Quand elle se fonde sur une atteinte portée à la réserve, on procède par réduction. (Cass., 1er mai 1861). — La question est délicate. Il y a évidemment une différence d'origine entre les deux préjudices ; mais, je ne puis m'empêcher de croire que la loi les a assimilés. Prévus dans le même article, qualifiés par les mêmes termes, rapprochés par les mêmes règles de procédure, ils ont été, à mon sens, à tort ou à raison, confondus dans la même action. Du reste, le défendeur pourra toujours ramener cette action en rescision au résultat d'une action en réduction. Il n'aura qu'à user de la faculté qui lui est offerte, et à empêcher l'anéantissement du partage, en rendant de bon gré ce qui dépasse à son profit la mesure des avantages autorisés par la loi. Mais, le tribunal ne peut le forcer à le faire : il ne peut le condamner qu'à souffrir le rétablissement de l'indivision.

Si la disposition préciputaire elle-même excédait le disponible, il y aurait une action en réduction ordinaire, indépendante de l'action en rescision.

Comme pour le partage ordinaire, il ne faut pas s'arrêter à la qualification de l'acte : l'art. 888 reçoit ici son application. Il faut voir *quod agitur, non quod dicitur*. Malgré les précautions prises, malgré les subterfuges mis en œuvre pour échapper à la loi du partage, dès qu'en fait la lésion existe, en droit la rescision est possible.

La procédure est aussi la même : il n'y a qu'une différence. D'après l'art. 1080, « l'enfant qui, par une des causes exprimées en l'article précédent, attaquera le partage fait par l'ascendant, devra faire l'avance des frais de l'estimation ; et il les supportera en définitif, ainsi que les dépens de la contes-tation, si la réclamation n'est pas fondée. » C'est une déroga-tion à deux règles de procédure : celle qui dit que les frais seront avancés par les deux parties ; celle qui permet, entre parents, la compensation des dépens (art. 131, Proc.). L'ar-ticle 1080 veut prévenir, par cette sévérité, de téméraires ré-clamations. Elles troublent les familles : la loi veut forcer celui qui va se plaindre, à y regarder à deux fois. Confiante dans la sagesse de l'ascendant, elle présume que le partage qu'il a fait ne blesse pas l'égalité. Mais, en sens inverse, si le demandeur triomphe, les juges peuvent mettre à sa charge une partie des dépens.

A QUELLE ÉPOQUE FAUT-IL SE PLACER POUR APPRÉCIER LA LÉSION ?

Pour savoir s'il y a lésion, il faut estimer les biens : mais, à quelle époque se placera-t-on ? — Sont-ils partagés par tes-tament ? On consulte leur état et leur valeur au jour du décès : le testament n'a d'effet qu'au décès du testateur. Sont-ils par-tagés entre vifs ? Une distinction est nécessaire.

Si le demandeur vient arguer, non d'une lésion de plus du quart, mais des règles sur la réserve violées à son préjudice, c'est encore à la mort du père de famille qu'on se placera pour estimer les biens. Comme au cas de l'art. 922, le juge examinera leur état au jour de la donation, si le préciput ré-sulte d'une donation ; au jour du décès, s'il résulte d'un tes-tament ; et leur valeur, dans les deux cas, au jour du décès. Mais si, du partage entre-vifs, il résulte, non un avantage trop grand, mais une lésion de plus du quart, faut-il se placer encore au décès ? La jurisprudence le décide ainsi.

En effet, dit-elle, tant que vit l'ascendant, le partage n'est,

à l'égard des enfants, qu'une donation par avancement d'hoi-
rie. Ils n'ont d'autres droits que ceux qu'ils tiennent de la
libéralité du père de famille. Or, jamais, entre donataires d'un
même individu, il n'y eut droit à l'égalité. Libre d'être plus
généreux envers les uns, moins généreux envers les autres, le
père de famille n'a pas dépassé les bornes d'un pouvoir dont
la loi n'a pas limité l'étendue. Tant qu'ils ne sont que donataires, les enfants ne peuvent se plaindre que leur auteur ne
leur a pas donné assez. Il était maître soit de ne donner à
aucun, soit de ne donner qu'à un seul. Quand il est mort,
quand ils sont héritiers, alors seulement naît pour eux
le droit à l'égalité, alors seulement l'acte devient un partage. Jusque-là peut-être, le lot d'un des enfants était inférieur de plus du quart à celui des autres. Mais si, à ce moment, la perte d'un des biens qui composaient le patrimoine
du père de famille, ou une moins-value dans le lot du défendeur, ou une plus-value dans le lot du demandeur, a rétabli
l'équilibre, si, à ce moment, la lésion n'existe plus, toute réclamation est impossible.

Je n'admettrai pas cette opinion. Le partage entre-vifs est
assurément un acte mélangé de donation : mais, avant tout,
c'est un partage. Donc : « pour juger s'il y a eu lésion, on
estime les objets suivant leur valeur à l'époque du partage ; »
c'est l'art. 890. Quelle a été l'intention véritable du disposant ? Faire à chacun de ses enfants une donation isolée ? Faire
autant d'actes divers qu'il avait d'héritiers divers, faire une
série de libéralités indépendantes et de dispositions sans lien
entre elles? Evidemment non. Il a voulu faire un acte unique,
une donation unique suivie d'un partage : il a voulu faire
lui-même ce qu'auraient fait ses enfants, s'il leur avait abandonné ses biens indivisément. Or, s'ils l'avaient fait, si c'était,
non le père de famille, mais les enfants qui eussent partagé, il
y aurait, dès le lendemain du partage, rescision possible pour
lésion de plus du quart. Il s'est substitué à eux pour que le
partage fût mieux fait, non pour qu'il fût inique.

Si, pour apprécier la valeur de chaque lot, on se place, non au jour de l'acte, mais au décès de l'ascendant, nous arriverons souvent à un résultat fâcheux. Dans l'intervalle des deux époques, certains biens peut-être ont diminué de valeur. Voilà donc un partage égal dans le principe : au moment où il a été fait, on ne pouvait en critiquer ni l'intention, ni l'exécution. Le père de famille se flattait, en mourant, d'avoir, par son impartialité, assuré la paix de ses enfants. Et quand il ne sera plus, ils viendraient briser son œuvre, parce que des circonstances postérieures y ont amené une inégalité, qu'il ne pouvait ni éviter ni prévoir. Ce n'est pas ce que pensait M. Bigot-Préameneu, quand il disait au conseil d'État : « A qui donc pourrait-on confier, avec plus d'assurance, la répartition des biens entre les enfants, qu'à des pères et mères qui, mieux que tous autres, en connaissent la valeur, les avantages et les inconvénients ? » On ne peut donc rescinder un acte équitable, par suite d'événements inattendus. Cherchons dans le partage même, non dans les circonstances qui le suivent, la condamnation ou la justification du partage. Quelques lots ont augmenté de prix : d'autres ont diminué : d'autres ont gardé la même valeur : peu importe. A partir du même jour, les chances de perte et de gain ont été réciproques : l'ascendant avait observé l'égalité. C'est donc d'après leur état et leur valeur au moment du partage qu'il convient d'estimer les biens partagés.

* * *

PAR QUELLES CAUSES S'ÉTEINT LE DROIT D'ATTAQUER LE PARTAGE D'ASCENDANTS?

§ 1er.

Clause pénale.

Dans la pratique, les partages d'ascendants contiennent une clause pénale. Il y est dit que, si l'un des enfants attaque le partage, sa demande fût-elle fondée, il perdra sa part dans la quotité disponible : elle reviendra en totalité à ses frères. La jurisprudence a admis la validité de cette clause : son effet sera, le plus souvent, de rendre sans intérêt l'action rescisoire. Mais, elle n'a trait qu'à la rescision pour lésion de plus du quart. Quand le demandeur en effet se plaint que son cohéritier a reçu à la fois et le disponible en entier et plus que sa part dans la réserve, il va de soi qu'il ne sera guère sensible à la crainte d'être privé de sa part dans le disponible. Restât-il sans se plaindre, il n'y prendrait rien.

§ II.

Ratification expresse ou tacite.

S'agit-il d'un partage entre-vifs? Celui qui est lésé ne perd pas, en l'acceptant, l'action en rescision. Même dans un partage ordinaire, le concours de l'héritier lésé n'est pas, de sa part, une ratification. Une solution contraire rendrait illusoire l'art. 1079 ; les partages entre-vifs n'ont lieu que du consentement des copartagés.

Une renonciation expresse, soit antérieure, soit concomitante au partage, n'a pas plus d'effet. Elle s'explique ou par l'ignorance du préjudice, ou par la soumission à l'ascendant. Il en serait autrement d'une renonciation postérieure, intervenue même du vivant du père de famille, si elle offre des garanties suffisantes de sincérité et de liberté. (Art. 1338.) Toutefois, cette dernière décision n'est pas universellement admise. Ceux qui pensent que le partage n'existe qu'au décès de l'ascendant, la repoussent. Avant ce jour, selon eux, l'enfant ne peut abdiquer son droit : ce droit n'est pas encore né.

S'agit-il d'un partage testamentaire? il admet toute renonciation soit expresse, soit tacite à l'action rescisoire. On n'a à s'inquiéter que d'une chose : si la renonciation réunit les conditions prescrites par l'art. 1338.

§ III.

Prescription.

Si le partage est fait par testament, l'action en rescision se prescrit par trente ans. Le délai court du jour où le testament est découvert. D'excellents esprits ont voulu soumettre ce cas à la prescription de dix ans qu'édicte l'art. 1304. Il n'y a pas, ont-ils dit, une convention proprement dite : mais, il y a un acte qui produit les effets d'une convention de partage. Malgré cet argument solide, malgré de sérieuses considérations d'intérêt public et d'utilité privée, je ne partage pas cette opinion. L'art. 1304 n'est pas la règle générale : il n'est qu'une exception à cette règle : *exceptio est strictissimæ interpretationis.* Il ne parle que des conventions : le testament, qui n'en est pas une, échappe donc à la déchéance qu'il prononce, et rentre sous l'empire de l'art. 2262.

Si le partage qui contient une lésion de plus du quart est fait par acte entre-vifs, l'action se prescrit par dix ans. Nous sommes, en ce cas, dans les termes de l'art. 1304 : il y a convention, puisque le concours des enfants au partage est indispensable. Mais à quel moment commencera ce délai ? Au jour du partage ? au jour du décès du disposant ? Deux fois déjà nous avons rencontré cette controverse : quand nous cherchions à quel moment on devait estimer les biens, et à quel moment on pouvait renoncer à l'action rescisoire. Elle reparaît encore ici, comme dominant toute la matière. La prescription commence, selon la jurisprudence, au décès du père de famille; selon nous, au jour même du partage.

La jurisprudence répète les arguments qu'elle a donnés plus haut. Avant le décès, les enfants ne sont que donataires; après le décès seulement, ils sont héritiers. L'art. 1078 confirme, ajoute-t-on, ce système : « Si le partage, dit-il, n'est pas fait entre tous les enfants qui existeront *à l'époque du décès* et les descendants de ceux prédécédés, le partage sera nul pour le tout. Il en pourra être provoqué un nouveau dans la

forme légale, etc. » Quand l'un des enfants n'a rien reçu, c'est
au décès de l'ascendant qu'il peut se plaindre; quand il a
reçu trop peu, pourquoi n'en serait-il pas de même? S'il est
une différence entre les deux cas, c'est du plus au moins, non
du tout au tout. Et s'il en est ainsi, ce n'est pas *à contrario*,
c'est *à fortiori* qu'il faut argumenter de l'art. 1078. Celui qui
n'a rien reçu ne peut réclamer qu'au décès : celui qui n'a pas
reçu toute sa part, moins gravement lésé, doit à plus forte
raison attendre jusque-là.

Il est facile de répondre. Si, entre l'enfant omis et l'enfant
lésé de plus du quart, il y a une différence, il ne faut pas s'en
étonner. Omis, à quel titre attaquerais-je un acte auquel je
suis étranger? N'étant pas donataire, je suis sans droit jusqu'à ce que je sois héritier. A la mort seulement du père de
famille, j'ai le droit de me plaindre; j'agirai par la pétition
d'hérédité, non par la demande en rescision. Lésé, au contraire, je participe au bénéfice de l'acte; mais ma part n'é-
gale pas mon droit. Il est juste que la loi m'autorise à réclamer. En me mettant au nombre des donataires, le père de
famille a reconnu ma vocation. S'il voulait me donner un lot
inégal, il n'avait qu'à faire don par préciput à mes cohéritiers de tout ou de partie de la quotité disponible. Il ne l'a
pas fait. En n'annonçant pas ouvertement l'intention de rompre l'équilibre, il a implicitement manifesté l'intention de le
maintenir. Il m'a implicitement promis une part égale : si
l'exécution ne me la donne pas, j'ai le droit de me plaindre.
Dès aujourd'hui s'ouvre pour moi l'action rescisoire; dès aujourd'hui, court contre moi la prescription.

Tout le système de la jurisprudence repose sur une mé-
prise. Elle attache les effets du partage à la qualité de cohéritier; ils découlent de la qualité de copartageant. Ce principe établi, il n'est plus douteux que la prescription doive
commencer le lendemain du partage. Il est vrai que c'est placer
l'enfant lésé dans une fâcheuse alternative. Le voilà tenu ou
de sacrifier ses intérêts, ou de manquer au respect du père de

famille. Mais d'abord, en réalité, l'action en rescision est dirigée, non contre l'auteur du partage, mais contre les copartagés. L'action ensuite n'a rien de déshonorant. Elle suppose l'erreur, non la partialité du père de famille. Ce n'est pas contre la volonté du donateur qu'elle proteste, c'est sa volonté probable qu'elle veut faire respecter. Et enfin, l'esprit du Code est de tenir peu de compte de la crainte révérentielle. (Art. 1114.) Elle n'implique pas l'impossibilité d'agir. Ajoutons les inconvénients du système contraire. C'est l'estimation des biens rendue, après de longues années, plus difficile. C'est l'intérêt de l'agriculture, qui réclame qu'on abrége une incertitude funeste à la circulation des biens. Les principes et les résultats, la saine interprétation de la doctrine et les nécessités sociales de la pratique, tout concourt donc à établir que la prescription court du jour même du partage entre-vifs, contre le copartagé lésé de plus du quart.

Mais, je ne parle ici que du tort qui résulte d'une lésion de plus du quart. Si je réclame contre la violation à mon préjudice des règles sur la réserve, si je me plains que le père de famille est allé au delà de son droit de disposer, si j'actionne mon copartagé parce que sa part comprend d'abord tout le disponible, et ensuite empiète sur ma réserve, il en est autrement. Il ne s'agit plus ici d'un partage qu'on peut, dès qu'il est achevé, dire égal ou inégal. Il s'agit de savoir le montant de la réserve et le montant du disponible. La réserve est la succession *ab intestat* nécessaire ; il faut que cette succession s'ouvre pour qu'on en connaisse le chiffre. Jusque-là, le patrimoine peut varier. A prendre sa consistance actuelle, l'ascendant vous a donné peut-être plus que son disponible et que votre réserve. Mais si, avant sa mort, sa fortune augmente, son disponible augmentant avec elle, cette libéralité qui avait paru exagérée rentrera dans la mesure licite des dispositions inattaquables. Réciproquement, l'ascendant vous a distribué, d'une main sûre, l'exact et juste équivalent du disponible et de votre réserve. Si sa fortune décroît, le disponible diminuant avec elle, cette libéralité qui semblait légitime va dépasser les bornes établies par la loi aux libres dispositions du père de famille. C'est donc seulement au jour du décès que naît ici l'action : c'est du jour du décès qu'elle commence à se prescrire.

EFFETS DE LA RESCISION PRONONCÉE.

—

Sur ce point la loi est muette. Il faut nous référer à ce que nous avons dit du partage entre cohéritiers. Le rétablissement de l'indivision peut se faire à l'amiable entre les copartagés, si tous sont capables et maîtres de leurs droits. La justice n'intervient que s'ils sont en désaccord.

Tous les biens donc sont remis en commun : on procède à une répartition nouvelle. Mais, soit que l'action rescisoire se fonde sur une lésion de plus du quart, soit qu'elle conteste un avantage illégitime, les défendeurs ont un moyen d'en arrêter le cours. Dans le premier cas, ils offriront au demandeur lésé le supplément de sa part héréditaire. Dans le second, celui qui est trop avantagé rendra ce qu'il retient au-delà de la loi. Le demandeur dès lors n'aura plus d'intérêt : il n'aura donc plus d'action.

Si le partage entre-vifs est rescindé même du vivant du père de famille, les biens ne lui font pas retour. L'acte, pour être lésif, ne reste pas moins irrévocable. Le partage est non avenu : le dessaisissement subsiste. Il s'agit seulement de réparer une erreur. Il s'agit de faire une division nouvelle, qui ait sur l'autre deux avantages : l'un que la nature des choses commande, l'autre que l'esprit de la loi présume. C'est d'abord d'être certainement plus conforme à l'égalité : c'est ensuite d'être probablement plus conforme à l'intention du disposant.

DE LA LÉSION DANS LA SOCIÉTÉ.

« La convention, dit l'art. 1855, qui donnerait à l'un des associés la totalité des bénéfices, est nulle. » C'est une société léonine. Si les associés que le contrat dépouille ont voulu faire à leur coassocié une libéralité déguisée, je crois que la nullité est la même. Mais, ce n'est pas l'avis de la jurisprudence.

La même nullité frappe, ajoute l'article, « la stipulation qui affranchirait de toute contribution aux pertes, les sommes ou effets mis dans le fonds de la société par un ou plusieurs des associés. » Cette disposition est difficile à justifier : elle n'existait pas en droit Romain. Aussi, je serais tenté de ne pas en étendre les termes. La loi ne parle que des sommes et effets mis dans le fonds de la société. Si donc l'associé affranchi de la contribution aux pertes n'avait apporté que son industrie, la loi ne serait pas violée. N'éprouve-t-il pas d'ailleurs une perte réelle : celle de ses peines perdues et de son travail demeuré infructueux?

Quel sera l'effet de cette nullité? Frappera-t-elle la convention entière? Frappera-t-elle seulement la stipulation illicite? Je crois qu'il faut distinguer. Si le contrat donne à l'un des associés la totalité des bénéfices, il est nul pour le tout : le texte semble, en ce cas, invalider toute la convention. Si le contrat dispense seulement un associé de contribuer aux pertes, la clause illicite seule est effacée : la loi n'annule, en ce cas, que la stipulation.

« Si les associés, dit l'art. 1854, sont convenus de s'en rapporter à l'un d'eux ou à un tiers pour le règlement des parts, ce règlement ne peut être attaqué s'il n'est évidemment contraire à l'équité. » C'est un point de fait que le juge vérifiera. « Nulle réclamation, continue notre article, n'est admise à ce sujet, s'il s'est écoulé plus de trois mois depuis que la partie qui se prétend lésée a eu connaissance du règlement, ou si ce règlement a reçu de sa part un commencement d'exécution. »

DE LA LÉSION DANS L'ACCEPTATION D'UNE HÉRÉDITÉ.

J'ai défini plus haut la lésion dans les contrats commutatifs. C'est le préjudice qui résulte, pour l'une des parties, du défaut d'équilibre entre les deux équivalents. Il ne s'agit plus ici de la lésion dans un contrat commutatif, ni même dans un contrat quelconque. Nous allons l'étudier dans un quasi-contrat fort important : l'acceptation d'une hérédité. La lésion, dans ce cas, est le préjudice pécuniaire qu'éprouve l'héritier qui a accepté une succession, quand un testament ignoré se révèle et lui en enlève plus de la moitié.

En principe, l'acceptation d'une succession, faite par un successible majeur et capable, est irrévocable. La lésion même n'est qu'exceptionnellement une cause de rescision. C'est ce que dit l'art. 783 – 2° : « Le majeur ne peut jamais réclamer sous prétexte de lésion, » excepté dans un cas. C'est ce que disait aussi M. Chabot au Tribunat : « Si la lésion était admise en cette matière, il n'y aurait jamais rien de certain. L'héritier a le moyen de ne pas s'y exposer, en ne se portant héritier que sous bénéfice d'inventaire. » Rien n'est plus sage. Si la loi eût posé le principe contraire, si toute lésion eût autorisé la rescision, les procès eussent été innombrables. Tout héritier repentant se serait déclaré lésé. Il aurait allégué qu'il ne connaissait pas, en acceptant, le chiffre des biens du défunt. Mais, c'est à l'héritier à se renseigner avant de prendre parti. Qu'il étudie la vie passée de son auteur, son caractère, sa conduite, son esprit d'ordre ou de dissipation. S'il connaît ses habitudes, les personnes qui l'entouraient, qu'il les consulte. Lui reste-t-il quelque doute? Qu'il fasse ce que lui conseille l'orateur du Tribunat : qu'il accepte sous bénéfice d'inventaire.

Mais, à ce principe, il y a une exception. « Il ne peut jamais, dit l'art. 783 – 2°, réclamer sous prétexte de lésion, excepté seulement dans le cas où la succession se trouverait absorbée ou diminuée de plus de moitié par la découverte d'un testament inconnu au moment de l'acceptation. » Pour autoriser la réclamation, deux conditions doivent être réunies. Il faut, en premier lieu, que le testament qui lèse l'héritier ait été inconnu lors de l'acceptation : autrement, l'héritier se serait volontairement exposé à tous les risques. Il faut, en second lieu, que les legs qui se révèlent, absorbent la succession ou la diminuent de plus de moitié. Le calcul se fait sur l'actif brut, non sur l'actif net.

Ainsi, la lésion résulte-t-elle de la découverte d'un legs? Elle est digne de restitution. Résulte-t-elle de toute autre cause ? L'acceptation reste irrévocable. Quand l'héritier viendrait à s'apercevoir que son auteur avait aliéné la propriété des biens dont il avait conservé la jouissance; quand il verrait apparaître, le lendemain de son acceptation, une dette héréditaire plus considérable que la moitié de l'hérédité, la restitution ne lui serait pas ouverte. C'est que, soit sur ces dettes, soit sur ces aliénations, il a pu à la rigueur trouver des renseignements. Sur les legs contenus dans un testament, personne peut-être n'a pu lui en offrir.

S'agit-il en effet d'une dette considérable? Elle est rarement ignorée. Si l'on ne peut toujours affirmer son existence, presque toujours on peut la soupçonner. Ou de grandes acquisitions en sont la cause, ou de grandes acquisitions en sont la suite. Ajoutons que, pour contracter ces dettes, le défunt a dû se mettre en rapport avec des tiers qui ont intérêt, non à cacher, mais à publier leurs créances. M. Réal, il est vrai, au conseil d'État, n'était pas de cet avis. Il voulait donner aux dettes le même effet qu'aux legs : « Le créancier, disait-il, peut être très-éloigné : il peut n'avoir d'autre titre qu'un titre privé ; et, en supposant le titre authentique, il peut avoir été reçu par un notaire qui demeure à cent lieues de celui qui l'aura souscrit ». Enfin, le créancier qui voudra trouver dans la fortune personnelle de l'héritier une nouvelle garantie, gardera le silence pendant plusieurs années : le légataire n'a pas le même intérêt. » Ces raisons ne prévalurent pas. M. Tronchet répondit qu'étendue aux dettes, « cette faveur embarrasserait trop la marche des affaires. »

S'agit-il de ventes faites par le défunt? S'il ne s'est pas réservé l'usufruit, l'erreur de l'héritier n'a pas d'excuse. Il a dû présumer que la propriété n'était plus là où n'était plus la possession. Si la vente a laissé l'usufruit au vendeur, il est plus facile de l'ignorer : il n'est pas impossible de la connaître. Le plus souvent, elle sera transcrite. L'héritier, il est vrai, serait imprudent s'il ne consultait que le registre des transcriptions, puisque, même non transcrite, la vente lui est opposable. Mais, en s'informant soit chez les amis du défunt, soit chez ses voisins, soit dans les études des notaires, soit au bureau de l'enregistrement, il sera difficile qu'il ne la découvre pas. D'ailleurs, l'acheteur d'une nue-propriété vient le plus souvent lui-même se faire connaître dès la mort de son usufruitier.

S'agit-il enfin d'une donation d'immeuble? L'héritier du donateur ne peut réclamer. Si elle est transcrite, il est inexcusable de l'ignorer. Si elle n'est pas transcrite, il n'a pas à se plaindre. Pourquoi? Dans une opinion, qui déclare opposable à l'héritier du donateur la donation non transcrite, c'est parce qu'il a pu, en s'informant près des notaires, connaître cette libéralité. Si presque toujours il transpire quelque chose d'une vente, il transpire toujours quelque chose d'une donation. La vente, à la rigueur, pourrait résulter d'un acte sous-seing privé : la donation résulte forcément d'un acte public. La première peut quelquefois, la seconde ne peut jamais avoir lieu sans témoins. — Mais, l'opinion contraire a une meilleure raison. Si l'héritier du donateur ne peut se plaindre, c'est moins parce qu'il n'a pas qualité, que parce qu'il n'a pas intérêt. Puisque l'art. 941 prive le donateur seul du droit d'opposer le défaut de transcription, elle n'en prive pas l'héritier du donateur. La donation n'étant pas transcrite, celui-ci peut la méconnaître : elle ne sera donc jamais pour lui une cause de lésion. Les raisons données par le premier système ne sont applicables qu'aux donations de meubles, seules dispensées de publicité.

Un testament, au contraire, est souvent tenu caché. Œuvre souvent ignorée d'une seule volonté, il n'a quelquefois d'autre témoin que son auteur. Le secret quelquefois n'a donc qu'un dépositaire. L'héritier qui ne l'a pas découvert n'a aucune faute à se reprocher. Lors donc que, par les legs qu'il y trouve, il éprouve un préjudice considérable, la loi devait le protéger.

Mais, comment peut-il être mis en perte? Voilà la question difficile. Si, sur la foi de notre article, on admet, avec plusieurs auteurs, que l'héritier pur et simple est tenu de payer les legs *ultra vires successionis*, l'explication est facile. S'il doit sur ses biens personnels tous les legs que l'actif héréditaire ne suffit pas à acquitter, on comprend aisément que l'apparition de legs inconnus lui soit funeste et lui cause une lésion. Mais, il n'en est pas ainsi. On conçoit, quand il s'agit de dettes, que le patrimoine propre de l'héritier pur et simple devienne le gage des créanciers du défunt. Entre les membres de la même famille il y a solidarité d'honneur : les survivants répondent pour ceux qui ne sont plus. « L'héritier saisi des droits du défunt, disait au Corps législatif le tribun Siméon, est par cela même soumis à ses obligations. *Il est son image active et passive.* » Mais, pour exiger de l'héritier le payement des libéralités désordonnées du défunt, à quel titre l'actionner? Comme représentant du *de cujus :* comme *image passive* de celui qui n'est plus? Il ne doit, à ce titre, aucune part des legs : le testateur ne les devait pas. Les legs en effet n'obligent pas celui qui les a faits, et qui peut toujours les révoquer. Comme successeur aux biens? Son obligation dès lors est restreinte à la mesure de ces biens.

Tous nos anciens auteurs rapportent que les legs ne se paient que sur les biens déduction faite des dettes. Rien ne montre que le code ait innové à cet égard. Une rupture aussi grave avec les anciens principes eût amené de vives controverses. Or, ni les travaux préparatoires, qui n'en offrent aucune trace, ni les dispositions du code lui-même, toutes conçues dans l'ancienne théorie, ne révèlent une innovation. Sur quoi l'établir en effet? Est-ce sur l'art. 724, qui dit que les héritiers légitimes sont saisis de plein droit des biens, droits et actions du défunt, sous l'obligation d'acquitter toutes les charges de la succession? Il n'a pas trait aux legs. Les charges dont il parle sont les dettes du défunt, les frais de justice et les frais funéraires. Ce qui le prouve, c'est l'art. 1009, qui les oppose aux legs. L'art. 802 dit que « l'effet du bénéfice d'inventaire est de donner à l'héritier l'avantage de n'être tenu du payement des dettes de la succession que jusqu'à concurrence de la valeur des biens qu'il a recueillis. » S'il était tenu des legs *ultra vires*, la loi n'eût pas restreint aux dettes l'effet du bénéfice d'inventaire.

Ajoutons que le testateur qui ferait, au-delà des limites de sa fortune, des legs obligatoires, disposerait, non de son bien, mais du bien de l'héritier. L'héritier réservataire peut même se refuser, dans le payement des legs, à dépasser le disponible. L'héritier peut donc, dans certains cas, soustraire ainsi à l'action des légataires une partie du patrimoine du testateur : Est-il croyable qu'il n'y puisse soustraire son propre patrimoine ?

Il est donc un point certain. C'est que, l'actif successoral une fois épuisé, l'héritier ne doit plus rien aux légataires. Or, s'il en est ainsi, comment peut-il être lésé? Ce qui peut lui arriver de plus fâcheux, c'est de manquer une occasion de gain : ce qui ne peut pas, ce semble, lui advenir, c'est d'éprouver un préjudice. Le passif est-il supérieur à l'actif? Le legs que contient le testament est nul. Le passif est-il inférieur à l'actif? La différence seule est due au légataire.

Deux solutions ont été trouvées. On a dit d'abord : la loi s'est préoccupée des calculs que fait, en acceptant, l'héritier prudent. Une succession s'ouvre. Elle a 100,000 fr. d'actif et 45,000 fr. de dettes connues. L'héritier délibère. L'actif dépasse de 55,000 fr. le passif connu : s'il y a des dettes inconnues, ces 55,000 fr. suffiront amplement à y faire face. Il accepte donc et paie les dettes. Si ensuite un testament surgit, et dispose en legs des 55,000 fr. que l'héritier réservait aux créanciers inconnus, ceux-ci arrivant que leur donnera-t-il? Il les paiera de ses propres deniers, sauf à recourir contre les légataires. Mais, si ces légataires sont devenus insolvables, le recours sera illusoire : l'héritier peut donc être lésé. Voilà le cas que prévoyait la loi.

Cette hypothèse est bien compliquée. Le législateur y songeait-il? Je ne le crois pas. Une autre explication, plus simple et meilleure, va nous donner la clé de la difficulté. Le défunt n'avait pas de dettes. Il laisse 60,000 fr. et deux héritiers : l'un d'eux avait reçu de lui une donation de 40,000 fr. S'il accepte, il devra la supporter. Il y trouvera avantage : il rendra 40 d'une main, pour toucher 50 de l'autre. Mais si un testament, découvert plus tard, contient au profit d'un tiers un legs de 60,000 fr., notre héritier sera lésé. Comme il doit en payer la moitié, sur 50 qui composaient son lot, il ne lui restera que 20. Pour reprendre 20, il a rapporté 40 : contre ce préjudice, la loi le restitue.

Cette hypothèse est meilleure que la première. Elle donne de la loi une explication plus simple et plus satisfaisante. Elle seule peut montrer que la disposition de notre article doit s'appliquer à l'héritier bénéficiaire comme à l'héritier pur et simple, à l'héritier mineur comme à l'héritier majeur. Tout héritier, en effet, dit l'art. 843, même bénéficiaire est soumis au rapport : le même inconvénient appelle la même protection. Les dangers de la première hypothèse ne menacent, au contraire, ni l'héritier bénéficiaire, ni, par la même raison, l'héritier mineur. Les légataires payés, si des créanciers se déclarent, il les renvoie, en vertu de l'art. 809, à recourir contre les légataires.

Si le testament inconnu contient un legs à titre universel, l'héritier est-il restituable? Evidemment. S'il a rapporté, comme tout à l'heure, 40 pour reprendre 50, et qu'un legs vienne lui enlever 30, peu importe que ce legs soit particulier ou à titre universel. La lésion est la même. L'héritier, dans les deux cas, eût trouvé plus d'avantage à répudier qu'à accepter l'hérédité. Le legs est-il universel? Il faut distinguer. Si l'héritier n'est pas réservataire, la succession ne le concerne pas. Son acceptation est radicalement nulle : il n'a pas besoin d'en demander la nullité. S'il y a des réservataires, le légataire universel ne les exclut pas. Ils restent même saisis : eux seuls représentent le défunt. Mais, si l'un d'eux a fait un rapport qui excède le chiffre de sa réserve, il est lésé par l'apparition du légataire universel. Il peut réclamer contre son acceptation. Avec raison donc la loi ne distingue pas si le legs découvert est particulier ou universel.

Si l'actif brut est absorbé par le paiement des dettes connues, notre article n'a pas d'application. Quel que soit, dans ce cas, le montant des legs découverts, ils ne mettent pas l'héritier en perte : ils sont tous caducs. Il n'y a de rescision possible qu'au cas où les legs se découvrent avant l'épuisement de l'actif par le paiement des dettes connues. Il faut que, quand le testament apparaît, l'héritier ait encore en main des biens provenant de la succession.

Instruit de l'existence du testament, l'héritier peut, d'une manière expresse ou tacite, renoncer au bénéfice de notre article. Il y a lieu d'appliquer l'art. 1338. La prescription aussi est contre sa demande une fin de non-recevoir. Sous l'empire de l'ord. de 1510, elle eût été de 10 ans : cette ordonnance parlait des *contrats, distracts et autres actes quelconques.* Aujourd'hui, l'art. 1304 ne soumet à ce délai que la rescision des conventions. Comme nous parlons de la rescision d'un autre acte, il faut nous référer, non à cette disposition exceptionnelle, mais à la règle générale. Elle est contenue dans l'art. 2262 : « Toutes les actions tant réelles que personnelles sont prescrites par 30 ans. » Les 30 ans courent du jour où le testament inconnu a été découvert par l'héritier.

La rescision prononcée, l'héritier retombe dans la même situation que s'il n'avait pas accepté. Il peut donc accepter de nouveau ou purement, ou sous bénéfice d'inventaire. Il est vrai qu'en réclamant contre son acceptation, il a manifesté l'intention de renoncer. Mais, la loi ne veut pas de renonciations tacites. Des auteurs ont prétendu qu'il n'était dispensé que d'acquitter les legs : envers les créanciers, il resterait obligé. Je n'admets pas la distinction. La révocation est un tout indivisible. Elle opère à la façon de la condition résolutoire : on ne peut la scinder.

DES CONVENTIONS QUE LE CODE DÉCLARE EXPRESSÉMENT NON-RESCINDABLES POUR LÉSION.

Il suffisait des termes limitatifs des art. 1118 et 1313, pour que personne ne fît de la lésion une cause de rescision, dans les contrats où le code n'en parle pas. Néanmoins, une disposition spéciale déclare non-rescindables pour cette cause l'échange et la transaction. (Art. 1706 et 2052.)

« L'échange, disait le tribun Faure, n'est jamais le résultat de la détresse. Si celui qui dispose à ce titre était dans le besoin, il vendrait et n'échangerait pas. Le motif qui a fait admettre la rescision en faveur du vendeur n'est donc nullement applicable à ceux qui disposent à titre d'échange. Puisque, dans le contrat d'échange, chacun des objets est tout à la fois la chose et le prix, chacun des contractants n'est-il pas aussi tout à la fois vendeur et acheteur? La confusion de ces deux qualités ramène nécessairement à la règle générale; car, la faveur que l'on alléguerait sous la première qualité serait repoussée par l'exclusion résultant de la seconde. »

Il est donc important, au point de vue qui nous occupe, de savoir s'il y a échange ou vente. Le trait distinctif de la vente est le prix en argent. Si, après le contrat, l'acheteur fait une dation en paiement, s'il donne, au lieu du prix stipulé, un immeuble ou un autre corps certain, la convention n'en reste pas moins une vente. « Ès contrats, disait Despeisses, on ne regarde que le commencement. »

Si le contrat est à la fois un échange et une vente, si, comme équivalent d'un corps certain, l'une des parties donne et une somme d'argent et un corps certain, que devra-t-on décider? On appliquera la maxime : « *major pars trahit ad se minorem.* » On recherchera quel est, dans ce contrat mêlé, l'élément prépondérant. Si, entre les deux choses fournies par le défendeur, le corps certain vaut plus que la somme, il y a échange : la lésion est indifférente. Si la somme vaut plus que le corps certain, il y a vente : la rescision est possible.

L'art. 2052, relatif aux transactions, dit qu'elles ne peuvent être attaquées pour cause de lésion. « Il n'y a pas de contrat, disait au Conseil d'État M. Bigot-Préameneu, à l'égard duquel l'action en lésion soit moins admissible. Il n'est point en effet dans la classe des contrats commutatifs ordinaires, dans lesquels les droits ou les obligations des parties sont possibles à reconnaître et à balancer par la nature même du contrat. Dans la transaction, tout était incertain avant que la volonté des parties l'eût réglé. Le droit était douteux, et on ne peut pas déterminer à quel point il était convenable à chaqune des parties de réduire sa prétention ou même de s'en désister. »

FIN.

POSITIONS

—

DROIT ROMAIN

1. La rescision pour lésion s'appliquait, à Rome, aux ventes de meubles.

2. La vente dont le prix a été fixé par un tiers n'est pas rescindable pour lésion.

3. L'acheteur n'a pas l'action en rescision pour lésion.

4. La rescision de la vente pour lésion est poursuivie par l'*actio ex vendito*. Elle se proscrit par 30 ans.

5. La rescision n'est pas possible contre un tiers de bonne foi, à moins que ce tiers n'ait acheté à vil prix et que le premier acheteur ne soit insolvable.

6. L'obligation imposée à l'acheteur de rendre la chose vendue ou de payer le supplément du juste prix est, non alternative, mais facultative.

7. Le vendeur qui reprend sa chose doit tenir compte à l'acheteur des dépenses utiles.

8. L'acheteur n'a à rendre, en fait de fruits, que les fruits perçus depuis la *litis contestatio*. — S'il fournit le supplément du juste prix, il n'en doit les intérêts qu'à partir de la même époque.

9. La lésion n'est une cause de rescision dans les partages que si elle est d'outre-moitié.

10. La rescision pour lésion n'est pas possible, quand le partage a été fait en justice.

11. La loi 2 ne s'applique pas aux contrats de bonne foi autres que la vente et le partage.

12. Dans l'estimation de dot, la lésion joue un rôle, même si elle n'est pas d'outre-moitié.

—

CODE NAPOLÉON

1. Les ventes aléatoires ne sont pas, en principe, susceptibles de rescision pour lésion. Mais, si le prix, même dans les circonstances les plus favorables au vendeur, ne peut jamais atteindre les cinq douzièmes du juste prix de la chose vendue, la rescision est possible.

2. Il ne faut pas confondre la vente entachée de lésion avec la vente nulle faute de prix sérieux.

3. Si, de deux vendeurs conjoints, l'un refuse d'exercer pour sa part l'action rescisoire, l'autre peut, se substituant à lui, l'exercer pour le tout.

4. Le vendeur ne peut agir *omisso medio* contre le sous-acquéreur de son fonds.

5. L'action en rescision est mixte, quand le vendeur l'exerce contre son acheteur demeuré propriétaire de la chose.

6. S'il y a promesse de vente, le délai de la rescision pour lésion court, dans tous les cas, du jour de la promesse.

7. Si l'acheteur revend l'immeuble à juste prix, et que l'immeuble périsse par cas fortuit entre les mains du sous-acheteur, le vendeur primitif ne peut agir contre son propre acheteur pour obtenir le juste prix

8. Un fonds vendu moins des cinq douzièmes de sa valeur ne donne pas nécessairement lieu à rescision, s'il a été vendu avec faculté de rachat.

9. L'acheteur doit une indemnité pour les dégradations qu'il a commises sur le fonds, même s'il n'en a pas profité.

10. Si le vendeur lésé renonce à son action en rescision, l'a-

— 219 —

cheteur n'a pas besoin de faire transcrire cette renonciation, malgré l'art. 1er de la loi du 23 mars 1855.

11. Le cohéritier évincé d'un bien compris dans son lot n'a pas l'action en rescision quand l'éviction constitue à son préjudice une lésion de plus du quart.

12. La rescision pour lésion n'est pas possible quand l'acte qui contient partage, est non un partage faussement qualifié transaction, mais une véritable transaction.

13. S'il intervient plusieurs partages partiels d'une succession, il faut calculer la lésion sur l'ensemble des biens que comprennent tous les partages fractionnaires.

14. Les juges peuvent décider que la renonciation à l'action en rescision faite, après le partage, par l'héritier lésé, est valable. — Ils ont encore un pouvoir discrétionnaire pour décider si le cohéritier lésé qui a aliéné son lot, doit être considéré comme ayant renoncé à l'action en rescision.

15. Si le cohéritier lésé est un mineur, la prescription est suspendue en sa faveur pendant sa minorité.

16. L'un des défendeurs à l'action rescisoire peut, par un supplément, éviter un nouveau partage, quand même les autres défendeurs auraient intérêt au rétablissement de l'indivision.

17. Les défendeurs peuvent user de l'option et fournir le supplément, jusqu'à ce que le jugement soit passé en force de chose jugée.

18. Quand le partage est rescindé et l'indivision rétablie, tous les droits réels consentis à des tiers par les défendeurs à l'action, s'éteignent.

19. Quand, dans un partage d'ascendant, l'un des enfant a reçu un avantage plus grand que la loi ne le permet, les autres réclameront par l'action en rescision, non par l'action en réduction.

20. Quand un partage d'ascendant fait entre-vifs contient une lésion de plus du quart, c'est au jour du partage, non au jour du décès de l'ascendant, qu'il faut se placer : 1° pour estimer les biens ; 2° pour connaître le point de départ de la prescription de l'action rescisoire.

21. La donation d'immeubles non transcrite n'est pas opposable aux héritiers du donateur.

22. L'héritier pur et simple ne doit pas les legs *ultra vires successionis.*

HISTOIRE DU DROIT

1. On peut soutenir que, même avant Dioclétien, le juge pouvait rescinder la vente dans un cas : celui où le vendeur, sous l'empire du besoin, avait vendu à vil prix.

2. Les fonds de terre, sous Dioclétien et ses successeurs, avaient peu de valeur.

3. Les compilations de Justinien ont pu être connues en France avant la restauration du droit Romain.

CODE DE PROCÉDURE

1. Les créanciers hypothécaires du vendeur qui, sur les notifications à fin de purge que leur a faites l'acheteur, ont laissé passer quarante jours sans surenchérir, peuvent encore attaquer la vente pour lésion.

2. Le vendeur n'est pas forclos de son action en rescision, par l'existence d'une procédure en surenchère suivie à la requête d'un de ses créanciers hypothécaires qui trouve le prix insuffisant.

3. Le vendeur lésé qui actionne son acheteur encore en possession du bien vendu, peut saisir soit le tribunal du domicile de l'acheteur, soit le tribunal de la situation du bien.

4. Pour constater la lésion dans la vente : 1° une expertise est indispensable ; 2° les parties peuvent convenir qu'il ne sera nommé qu'un seul expert.

5. C'est le tribunal du lieu de l'ouverture de la succession qui connaîtra de la demande en rescision du partage.

DROIT ADMINISTRATIF

1. Quand, la vente étant rescindée pour lésion, la propriété retourne au vendeur, il n'y a pas lieu à la perception d'un nouveau droit de mutation.

CODE PÉNAL

1. Quand une chose a été volée, le voleur qui l'a entre les mains est soustrait, après trois ans, à la revendication, de même qu'à l'action publique.

2. Une personne acquittée par le jury, ne peut pas, à cause du même fait qualifié d'une façon différente, être poursuivie au correctionnel.

3. Un pourvoi en annulation fait par le procureur-général près la cour de Cassation sur l'injonction du ministre de la justice ne peut porter préjudice à la partie acquittée : mais, il peut être utile à la partie condamnée.

Vu :
Le Doyen de la Faculté,
PELLAT.

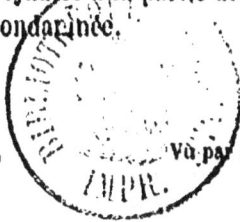

Vu par le Président de la thèse,
BUGNET.

Vu et permis d'imprimer :

Le Vice-Recteur de l'Académie de Paris,
A. MOURIER.

TABLE DES MATIÈRES

— 217 —

DROIT COUTUMIER.

CODE NAPOLÉON.

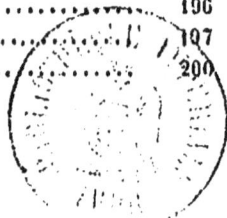

FIN.

VERSAILLES. — IMPRIMERIE CERF, 59, RUE DU PLESSIS.

IMPRIMERIE CERF, A VERSAILLES

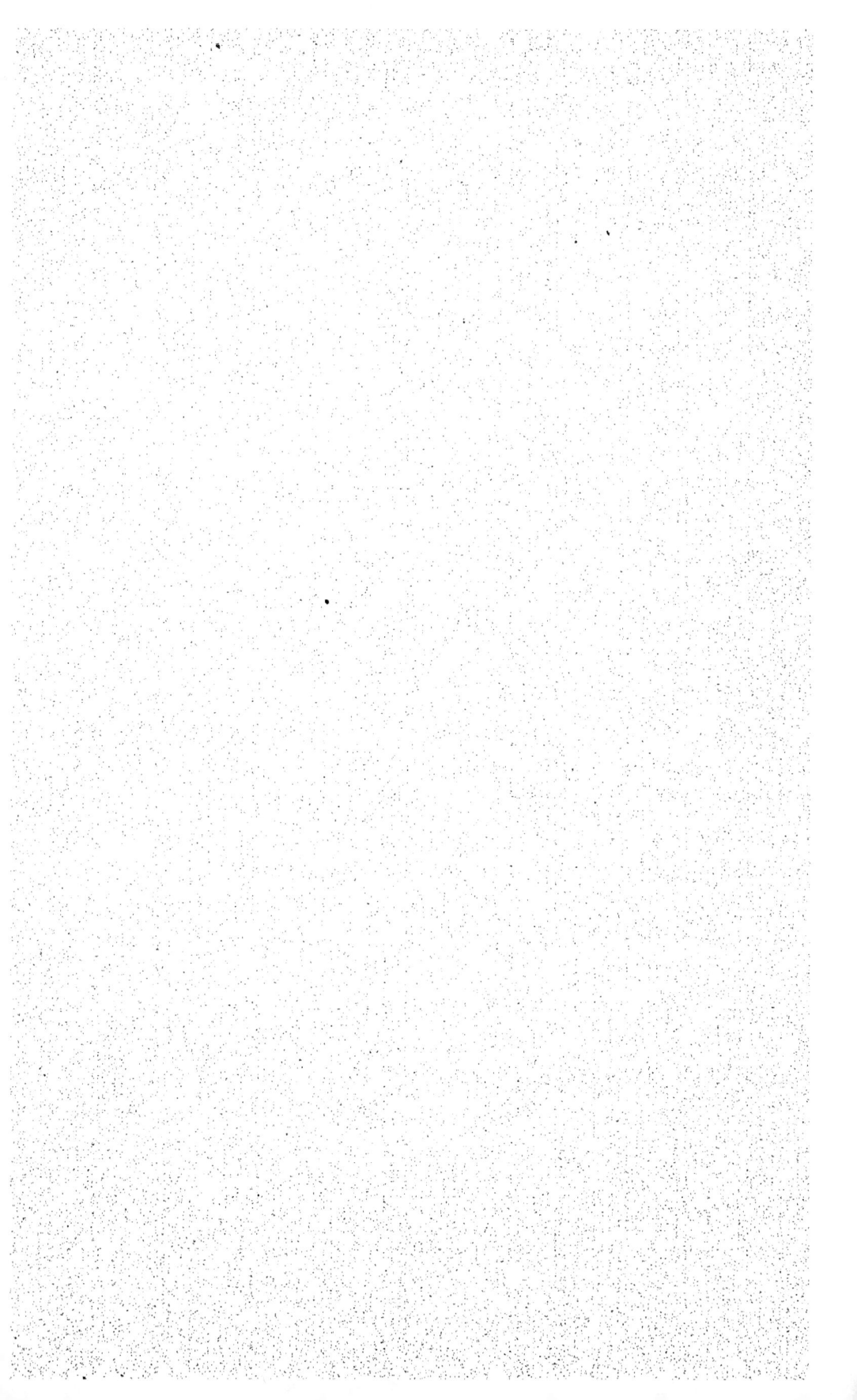